JN095053

言葉を歌う

グレゴリオ聖歌セミオロジーとリズム解釈

佐々木 悠

教文館

出版に寄せて

国際グレゴリオ聖歌学会（AISCGre）の主たる目的は、研究、教育および実践を通して、西洋世界の最も古い音楽的なレパートリーであり、西方教会固有の聖歌として受け継がれてきたグレゴリオ聖歌への入口を示すことにあります。これまで、解釈に関するおびただしい数の著作が西洋の言語で出版されてきました。今のところ、いわゆるリズム・アーティキュレーションとそれに関連した発見が、グレゴリオ聖歌の詳細な理解 —— 音楽的にも、精神的にも —— にとって重要なテーマとなっています。

その意味でこの著作は、日本の読者の皆さんにとって、非常に重要なものです。第1章の歴史的背景は、グレゴリオ聖歌の発展の全体像を示すとともに、グレゴリオ聖歌セミオロジーの意味について、大きなヒントをもたらしてくれることでしょう。リズム・アーティキュレーションと解釈に関する第2章では、グレゴリオ聖歌のリズムの概念が詳細に語られます。そのリズムは、後の時代のポリフォニー様式における計量リズムと関係するものではありません。グレゴリオ聖歌のリズムは限りなく繊細なニュアンスであり、言葉と音楽的なサウンドの完全な共生なのです。融化の現象とテキストの関係性に関する第3章は、その言葉とサウンドの詳細な関係を実証しようとするものです。

典礼におけるグレゴリオ聖歌のレパートリーについて、その実践的な刊行物に関心のある方には、著者も引用している『グラドゥアーレ・ノーヴム *Graduale Novum*』をご覧いただきたいと思います。そこには、リズムや旋律の最も重要な情報と、最古のリズムが記されている写本に基づく、正確な旋律が記されています。

長年、AISCGre のメンバーとしてグレゴリオ聖歌解釈の問題に取り組んでこられた佐々木悠氏が、日本語によるこのような重要な仕事を成し遂げられたことに、心より感謝する次第です。この本が、皆さんを、グレゴリオ聖歌という宝物へと誘い、さらなる深い理解へと導いてくれることを願ってやみません。

AISCGre 会長

A. M. シュヴァイツァ

ASSOCIAZIONE INTERNAZIONALE
STUDI DI CANTO GREGORIANO

Preface

The core concern of the International Society for Studies of Gregorian Chant (AISCGre) has always been – through research, teaching and praxis – to give access to what is the oldest musical repertoire in the western world, and which continues to be the proper chant of the Latin church: Gregorian chant. Numerous essays regarding questions of interpretation have been published in western languages and yet findings referring to issues of the so-called rhythmical articulation remain highly topical and of central importance for an intimate understanding of Gregorian chant – both musically and spiritually.

Therefore, the present work is of high importance for a Japanese readership. The historical overview offers a good panorama of the development of Gregorian chant as well as important hints regarding the meaning of Gregorian semiology. The chapter on rhythmical articulation and interpretation points the reader to the specific notion of Gregorian rhythm which has little to do with the rhythmical metrical frame in later polyphonic styles. Gregorian rhythm is characterized by an unreached level of finest rhythmical nuances and is a perfect symbiosis of word and musical sound. The chapter on the relationship of the phenomenon of liquescence and text is an attempt to exemplify this intimate relationship of word and sound.

For those among the readers who are looking for a practical edition of the Gregorian liturgical repertoire containing the most important information on rhythm and melody, i.e. the exact melodies according to latest research as well as the oldest rhythmical notations, I recommend the Graduale Novum which the author refers to.

I would like to thank Prof. Yu Sasaki – who as a member of AISCGre since many years has been working on the question of interpretation of Gregorian chant – for this important work in Japanese language. My wish for the readers is that this essay may be a contribution towards a deeper understanding of and intimate access to the treasure of Gregorian chant.

Prof. Alexander M. Schweitzer
AISCGre President

目　次

装丁　熊谷博人

凡　例

1. 文献表記は原則として日本音楽学会の書式に準じた。ただし写本
   や聖歌集など、一部例外もある。
2. 写本情報および表記は基本的に *Medieval Music Manuscripts Online
   Database*（*MMMO*, http://musmed.eu）に則ったが、成立年について
   は複数の見解を併記した。
3. 譜例や図のキャプションの最後にある括弧付きの数字は、収録頁
   を表す。
4. 外国語文献のタイトルや引用箇所の日本語訳は、特に注記のない
   限り著者による私訳である。

はじめに

　グレゴリオ聖歌[1]（以下、聖歌）というと、多くの人は、譜例1の四線譜を真っ先に思い浮かべるかもしれない。これは、1974年に出版された聖歌集『グラドゥアーレ・ロマーヌム *Graduale Romanum*』（*GR* 1974）の第1曲目 *Ad te levavi* である。このような楽譜の記譜法は、角符記譜法[2]と言われ、*GR* の記譜法は特にヴァティカン版の角符記譜法と呼ばれることもある。

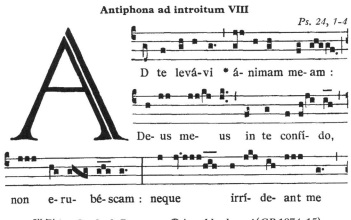

譜例1　*Graduale Romanum* の In. *Ad te levavi*（*GR* 1974, 15）

　しかし現在の聖歌研究では通例、角符記譜法以前の資料を基に議論が行われる。その資料とは、図1のような、9世紀から11世紀にかけて書かれた手書き写本である。そこには見慣れた線譜が存在せず、旋律の動きを表す「ネウマ neume」[3]と呼ばれる線が描かれている。

　今の私たちの目には、図1のような、ネウマの広がる世界が不思議な光景に映るかもしれない。このネウマから、具体的な音高を把握することはでき

ないからである。では実際の音高はどのようなものだったのだろうか。それを示す例は、11世紀から12世紀にかけて書かれた図2のような写本である。

図1　*SG 376*, In. *Ad te levavi* (83)

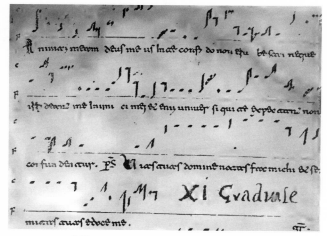

図2　*Benevento 34*, In. *Ad te levavi* (1)

パレオグラフィとセミオロジー

　これらの写本が私たちに伝えようとしたものは、何か。その問いに答える
べく、いくつもの研究方法論や歌唱法が現れた。その中でも一般に知られて
いるものとしては、「パレオグラフィ」[4]、「ソレム・メソッド」（ソレム唱法）[5]、
「セミオロジー」[6] などがある。残念ながら、それらの詳細を比較した日本語
の文献はほとんど見当たらない。それゆえここでは、これら3つの方法論に
ついて、その概要を整理しておく。

　ネウマによる写本が再発見されたのは、19世紀であった。その研究は、
パレオグラフィ（グレゴリオ聖歌パレオグラフィ）と呼ばれ、ネウマの書き方
（記譜法）を明らかにすることを目的としていた。したがって、ネウマを音
楽として再現するためには、別枠としての「リズム論」が必要とされた。そ
の結果として提唱された仮説がソレム・メソッドである。それは、アルシス、
テーシス、キロノミーといったキーワードとともに世界各地に広まり、1960
年代まで正統的な歌唱法として存在していた。

　しかし写本研究が進むにつれ、ネウマ自体に音楽的なニュアンスが表現さ
れているのではないかとする研究者たちが現れた。その中心を担ったカル
ディーヌ（E. Cardine, 1905-1988）は、パレオグラフィからの脱却を唱え、新
たな研究領域としてのセミオロジー（グレゴリオ聖歌セミオロジー）を提唱し
た。彼は、セミオロジーについて次のように述べている。

　　すべては、ネウマという記号の知識と音楽的意味に起因している。こ
　れこそまさにグレゴリオ聖歌セミオロジーの研究がテーマとするとこ
　ろである。その名が語っているように、一つないし複数の音を再現、あ
　るいは、より「具象的に描く」ために、特定の記号が他のものよりも優
　先される根拠を明らかにすることが重要である。考察の初めには、記
　譜されている記号について、年代、地域、分類を解析するパレオグラ
　フィックな研究が必要である。しかしさらに音楽的解釈の領域で研究
　しようとするなら、セミオロジーにおける方法論を用いなければならな

い。（Cardine 1985, 25）

　カルディーヌの提唱に端を発したセミオロジーは、1970年代以降、聖
歌研究の方向性を180度転換させた。そして最終的には、先述のアルシス、
テーシス、キロノミーの根拠を覆し、ソレム・メソッド自体の正当性が疑問
視される結果となった。表1は、この50年あまりの研究やその方向性を基
に、パレオグラフィとセミオロジーを整理したものである。現在から振り返
ると、セミオロジーは「ネウマがサウンド（空間に響く音）を表している」
という前提のもとに、従来のパレオグラフィの成果を取り入れつつ、「聖歌
のサウンドを可能な限り、ネウマの客観的事実から再現しようとする研究領
域」と定義することができる。なおセミオロジーの研究者が疑問視したのは、
20世紀前半の研究者たちが、パレオグラフィの研究結果を、音楽的解釈に
―― 特にリズムに関して ―― 取り入れなかった点であり、パレオグラフィ
全体ではない。

表1　パレオグラフィとセミオロジー

研究領域名	パレオグラフィ	セミオロジー
対象	ネウマ	
前提条件	ネウマは、現在の五線譜システムの源であり、それと類似した機能を有している。	ネウマは、パレオグラフィによって明らかにされた視覚的意味のみならず、具体的なサウンドを表している。
目的	ネウマの形状について、記号としての視覚的意味（ネウマの指し示す旋律の動き、音高、音程）、すなわちネウマによる記譜法を解明する。	パレオグラフィの研究を踏まえ、ネウマの空間におけるサウンド、すなわちネウマの聴覚的意味（音楽的意味）を解明する。
基本的な研究方法	写本間のネウマの相違を比較する。	写本間のネウマの相違を比較する。その上で、ネウマやテキストの情報から、空間に鳴り響くサウンドを多角的に考える。
研究の種類	写本とネウマの形状研究：成立年代、地域、ネウマの形状を考察したもの。	基礎研究：セミオロジーの前提条件を成立させるための基礎理論（ネウマのテンポ感、ネウマのアーティキュレーション）を導き出したもの。
		応用研究：セミオロジーの前提条件と基礎研究を基に、聖歌のサウンドを考察したもの。
リズム解釈	基本的に音楽的な内容は取り扱わない。リズムに関しては、「リズム論」として別枠で考察する。そこでは、現代の感覚や知識に基づき、音楽的解釈を試みる。 → ソレム・メソッドの確立	リズムをサウンドのアーティキュレーションとして捉え、それを明らかにする。具体的には、ネウマの客観的事実（ネウマの結合・非結合、テキストとの関係、旋法との関係）に基づき、リズム解釈を試みる。 → ソレム・メソッドの正当性を疑問視

セミオロジーの産物

　セミオロジーは、これまでに非常に多くの成果をあげてきた。2011年と2018年に出版された新聖歌集『グラドゥアーレ・ノーヴム *Graduale Novum*』（*GrN*）は、その一つである（譜例2）。また、実践研究の成果として、*GrN* に掲載されたミサ固有唱の CD 集（*GrN-CDs* 2017）も発売されている。

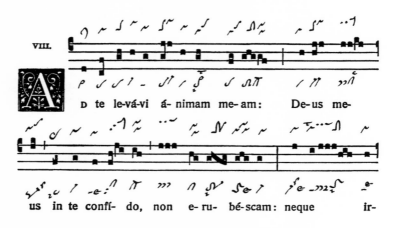

譜例2　*Graduale Novum*, In. *Ad te levavi* (I, 3)

本書の目的と構成

　GrN の出版に見られるように、世界的には、セミオロジーの研究が新たな段階に入っている。しかし残念ながら、我が国ではセミオロジー、特にそのリズム解釈はほとんど知られていない。そこで本書では、まずセミオロジーにおけるリズム解釈であるサウンドのアーティキュレーション[7]について整理を行った上で、その要素の一つである「融化ネウマ」[8]にどのような意味が見られるかを示す。そして、未だ謎の多い聖歌創作の過程について、一つの可能性を提示する。

　本書の構成は次の通りである。第1章では、歴史的背景（成立史、研究史）を概観する。第2章では、セミオロジーにおけるサウンドのアーティキュ

レーションについて、その要素を提示する。第3章では、融化ネウマとテキ
ストの関係性について、これまでの著者の研究をもとに検討する。

第1章
歴史的変遷

　2011年に刊行された『教会音楽大事典 *Enzyklopädie Kirchenmusik*』（Bretschneider, Massenkeil, and Schneider 2011-2018）において、従来「グレゴリオ聖歌」と呼ばれてきたものは、「フランク・グレゴリオ聖歌 fränkischer-gregorianischer Choral」と再定義された（Klöckner 2011, 40）。これは、聖歌が各地の伝統を引き継ぎながらも、新しくフランク王国において作られたものであることを物語っている。

　本章では、フランク王国に起源を持つ聖歌とそれを巡る歴史について、最新の研究（Klöckner 2009, 2011）を踏まえ、その内容を概観する。年代区分に関しては、クレックナーによるものを参照しつつ、著者が設定を試みる。

1　8世紀 - 9世紀 —— 誕生

　1950年代、聖歌の起源に関する2つの仮説が提唱された（Stäblein 1950; Hucke 1954）。それらは全く異なる結論を示していたが、最終的には「フランク王国の支配地域において、8世紀の半ば頃に誕生した」説が定説となった。そして研究が進む中で、下記の点も考慮され、現在では「フランク・グレゴリオ聖歌」と称されるに至った。

- 760年にフランク王国がローマからカントル[1]を招き、「ローマ聖歌」[2]を正しく学ぶ機会を設けた。
- 789年の「万民への訓諭勅令 *Admonitio generalis*」、816年の「アーヘンの参事会規定 *Institutio canonicorum Aquisgranensis*」には、ローマ聖歌からフランク王国独自の聖歌が作られたことを窺わせる記述が見られる。
- 820年頃、フランク王国の宮廷では、レスポンソリウム[3]がローマでど

17

のように歌われているかすでに分からない状態になっていた。しかしそれによる問題の発生は記録されていない。すでにフランク王国独自の聖歌が存在し、日常的に歌われていたと想像される。

• フランク王国の支配者は、ローマ教皇の権威を利用しつつ、政治を展開していた。文化についても、ローマから積極的に新しいものを輸入していた。グレゴリオ聖歌の「グレゴリオ」という名称も、ローマの権威による普及を目的とした意図があったと考えられる。

テキストのみの写本

　聖歌がフランク王国内で誕生した後、約100年間、音楽的な情報が体系的に記録された形跡は見当たらない。他方で、テキストのみを記した写本が9世紀初頭に現れ、そこには現在知られているレパートリーの大半が書き残されている（表2）。このことから、8世紀終わりには、聖歌の創作にある程度の目処がついていたと思われる。

表2　主なテキストのみによる写本

略称	写本名・所蔵	通称	編纂時期（年）
M	*Cantatorium Monza*, Monza, I-Mz Ms 88, Biblioteca capitolare del Duomo.	*Monza*	ca. 850
R	*Graduale Rheinau*, Zürich, CH-Zz Rh 30, Zentralbibliothek Zürich.	*Rheinau*	ca. 800
B	*Graduale Mont-Blandin*, Brussel, B-Br Ms 10127-44, Bibliothèque Royale Albert 1er.	*Mont-Blandin*	800-900s
C	*Graduale Compiègne (Antiphonaire romain de Compiègne)*, Paris, F-Pn Ms Lat 17436, Bibliothèque nationale de France.	*Compiègne*	860-877
K	*Graduale Corbie (Antiphonaire de Corbie)*, Paris, F-Pn Ms Lat 12050, Bibliothèque nationale de France.	*Corbie*	after 853

S	*Graduale Senlis*, Paris, F-Psg Ms 111, Bibliothèque Sainte-Geneviève.	*Senlis*	ca. 880

図3　*Compiègne* (11)

聖歌を記録する手段としてのネウマが写本に見られるのは、9世紀後半以降である。870年頃に書かれたとされるサクラメンタール *Sakramentar* (*Sm*) は、テキストのみの写本であるが、音高が明示されない音高非明示ネウマ[4] が部分的に付されている。

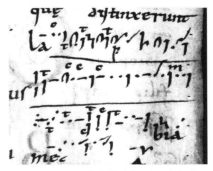

図4　*Sakramentar* に書き込まれているネウマ (54r)

音楽理論

　聖歌を作成する際に用いられた音楽理論書や作曲方法に関する総合的文献は、ほとんど見つかっていない。現段階で私たちが知り得る理論は、断片的に残された資料を繋ぎ合わせたものである。

アルクィンに由来する「8つの旋法 *Octo tonos in musica*」（800 年前後）

　アルクィン（Alcuin, 735?-804）は、カール大帝（Charlemagne, 747/748-814）の相談役として、フランク王国のキリスト教や教育に大きな影響を与えた。その彼に由来する短い文章「8つの旋法 *Octo tonos in musica*」（Gerberto 1784）は、8つの教会旋法[5] に関する最初期の理論的文献と考えられている。メッラー（H. Möller, 1953-）やアトキンソン（C. M. Atkinson, 1941- ）によると、少なくとも 800 年前後に、アルクィンの側近によって書かれた可能性がある（Möller 1993; Atkinson 2001）。

写本に書き込まれた旋法名（800 年前後）

　800 年前後にサン・リキエ *Saint Riqueir* で書かれたプサルテリウム *Psalterium*（*P*）には、すでに旋法名が記されている。

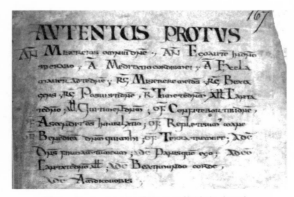

図 5　*Psalterium* に見られる旋法名（167）

フックバルト 『ハルモニア教程 *De harmonica institutione*』（880年頃）

　フックバルト（Hucbald of Saint-Amand, 840/850-930）の『ハルモニア教程 *De harmonica institutione*』（Traub 1989）には、聖歌の音楽理論のみならず、当時の聖歌の置かれた状況が詳述されている。そこから想定される当時の状況は次の通りである。

- 9世紀終わりには、完全な形による音高非明示ネウマによる写本[6]が書かれていた。これは、*Cantatorium* や *Laon*（本書22頁）よりも古い写本が存在していたことを意味している。
- 音高非明示ネウマは、9世紀の終わりから10世紀には、すでに伝承された方法として様々な地域で使用され、そこに大きな違いは見られなかった。
- 音程の記憶・再現方法として、音程や旋法理論を習得する習慣が存在した。
- 音高非明示ネウマは、テンポや繊細な表現（アーティキュレーション、例えば「トレモロのような声 tremulam sonus continuat vocem」）を示すものとして書かれた。
- 聖歌の音楽理論として、18音（2オクターブ）からなる音列、音程の定義（全音 Tonus と半音 semitonium maius と semitonium minus）[7]、テトラコルド（全音 – 半音 – 全音）が考えられていた。

2　10世紀 – 13世紀 —— 発展

　10世紀に入ると、ネウマによる音楽的情報を記した写本が使用されるようになった。ヨーロッパ各地では、その頃のものと思われる写本がいくつも発見されている。このような写本が作られるようになった背景には、聖歌の普及を目的とした規範的な写本の必要性が高まったことがあった。また、王国分裂による政治状況の混乱により、聖歌伝承の危機が迫り、写本の作成が積極的に行われたとも考えられる。

音高非明示ネウマによる写本

表3　主な音高非明示ネウマによる写本

略称	写本名・所蔵	通称	編纂時期（年）
C	*Cantatorium*, Sankt-Gallen, CH-SGs 359, Stiftsbibliothek St. Gallen.	*Cantatorium*	922-945
E	*Einsiedeln*, Einsiedeln, CH-E Cod 121, Kloster Einsiedeln Musikbibliothek.	*Einsiedeln*	960-970
B	*Bamberg*, Bamberg, D-BAa Msc Lit 6, Staatsbibliothek Bamberg.	*Bamberg*	975-1000
G	*G 339*, Sankt-Gallen, CH-SGs Cod 339, Stiftsbibliothek St. Gallen.	*SG 339*	980 / 1000
H	*Hartker-Antiphonars*, Sankt-Gallen, CH-SGs Cod 390-391, Stiftsbibliothek St. Gallen.	*Hartker-Antiphonars*	993-1011
L	*Laon*, Laon, F-LA Ms 239, Bibliothèque municipale Laon.	*Laon*	875-900 / 930
Ch	*Chartres*, Chartres, F-CHRm Ms. 47 (40), Bibliothèque municipale Chartres.	*Chartres*	900s
Bv. 33	*Benevento 33*, Benevento, I-BV Ms 33, Biblioteca Capitolare Benevento.	*Benevento 33*	900s / 1000s
An	*Angelica*, Roma, I-Ra Ms 123, Biblioteca Angelica Roma.	*Angelica*	1029-1039

音高非明示ネウマによる写本の最初期の姿は、920年代に編纂された *Cantatorium* に見ることができる。これは、現存する最古の「聖歌集」（収録曲：昇階唱、アレルヤ唱、詠唱）の一つでもある。

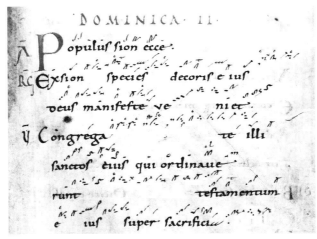

図6　*Cantatorium* (27)

ザンクト・ガレン系ネウマ（SG）

特徴：音高アクセント・ネウマとも呼ばれ、音高の高低を記録している。サウンドのアーティキュレーションはネウマの筆遣い（クレント kurrent、ニヒトクレント nicht kurrent、パルティエルクレント partiell kurrent）や指示文字によって示されている（本書65-72頁）。

写本：スイスのザンクト・ガレン修道院 Abtei St. Gallen 所蔵の写本群（*C, G, H*）。ザンクト・ガレン以外の写本（*E, B*）にも見られ、広範囲にわたって使用されていた。

メス系ネウマ（L）

特徴：旋律の大まかな流れを表し、点と曲線の使用によりサウンドのアー
　　　ティキュレーション（プンクトゥム＝軽い、ウンチヌス＝プンクトゥ
　　　ムより重い）を表現している。

写本：フランスのラン Laon のノートル・ダム大聖堂において書かれた写
　　　本（L）。メス系ネウマによる写本は、現在のところランの写本とク
　　　ロスターノイブルク Klosterneuburg の写本（K）のみが現存しており、
　　　その広がりは限定的であったと考えられる。しかし、ランの写本に
　　　はミサ固有唱の多くが含まれており、セミオロジーでは SG との比
　　　較が前提とされる。

図 7　*Laon* (8)[8)]

ベネヴェント系ネウマ

特徴：直線と鋭角的な形。

写本：ベネヴェント Benevento の写本（*Bv. 33*）。

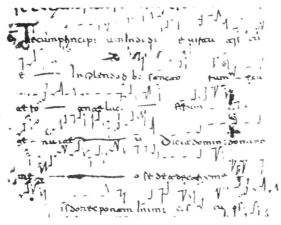

図8　*Benevento 33* (2)

中央イタリア系ネウマ

特徴：直線的な形状、ペスやトルクルス（本書69頁）に見られる細かい丸
　　　み。カイロノミー的なジェスチャーを表現している。

写本：イタリアのボローニャで書かれたアンジェリカ Angelica の写本（*An*）
　　　のみ現存しているが、かつては広く用いられていたと思われる。

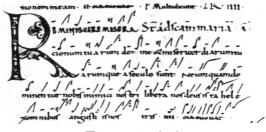

図9　*Angelica* (67r)

音高明示ネウマ[9]による写本

表4　主な音高明示ネウマによる写本

略称	写本名・所蔵	通称	編纂時期（年）
Y	*Saint-Yrieix*, Paris, F-Pn Ms Lat 903, Bibliothèque nationale de France.	*Saint-Yrieix*	1001-1400
A	*Albi*, Paris, F-Pn Ms Lat 776, Bibliothèque nationale de France.	*Albi*	1001-1100
Bv. 34	*Benevento*, Benevento, I-BV Ms 34, Biblioteca Capitolare Benevento.	*Benevento 34*	1100s
Mc	*Montecassino*, Montecassino, Ms. 540, 542, 546 etc., Archivio della Badia etc.	*Montecassino*	1000s-1200s
Mp	*Montpellier*, Montpellier, F-Mof H 159, Faculté de médecine Montpellier.	*Montpellier*	1000s
K	*Klosterneuburg*, Graz, A-Gu Ms 807, Universitätsbibliothek Graz.	*Klosterneuburg*	1100s

アキテーヌ系ネウマ

特徴：3種類のヴィルガ（本書68頁）。線譜としては、ネウマを音ごとに
　　　配置するための薄い線が見られるが、明確な色の付いた線は見られ
　　　ない。

写本：サン・ティリュー Saint-Yrieix の写本（*Y*）、アルビ Albi のガヤック
　　　Gaillac で書かれた写本（*A*）。

図10　*Saint-Yrieix* (17)

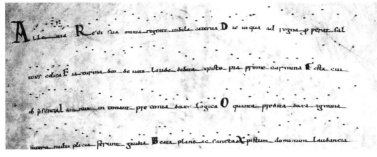

図11　*Albi* (13)

ベネヴェント系ネウマ

特徴：音高非明示ネウマのベネヴェント系ネウマと類似。線譜としては、
　　　FとCの線が赤と黄色で記されており、そこからは音高をかなり
　　　明確に把握することができる。

写本：ベネヴェントの写本 (*Bv. 34*)、モンテカッシーノ Montecassino の写
　　　本 (*Mc*)。

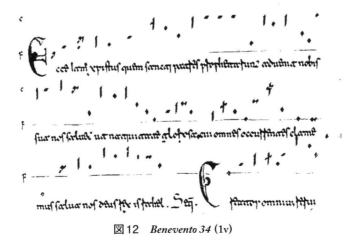

図12　*Benevento 34* (1v)

フランス系ネウマと音名文字

特徴：音高非明示ネウマの中央イタリア系ネウマのような直線と鋭角的な
　　　形。

写本：モンペリエ Montpellier の写本（*Mp*）。ネウマと文字による音名の
　　　指示（線譜は取り入れられていない）。19世紀に存在が明らかになり、
　　　GR の編集作業においては、この写本が旋律修正の根拠とされた。

図 13　*Montpellier* (14r)

メス系ネウマ

特徴：音高非明示ネウマのメス系ネウマと同じ。線譜としては、赤のF
　　　線、黄色のc線、薄いa線とd線が見られる。

写本：クロスターノイブルクの写本（K）。♭の記号の使用と、miとsiを
　　　半音高く修正している箇所が見られる。

図14　*Klosterneuburg*（1v）

四角符型ネウマ

　12世紀末から13世紀になると、従来の曲線を中心としたネウマではなく、四角符型ネウマが用いられるようになる。図15は、13世紀に書かれたイギリスのサラム Sarum の写本（*Sa*）であり、そこでは四角符型ネウマが使われている。さらに後の写本になると、計量記譜法を取り入れた写本も現れる。

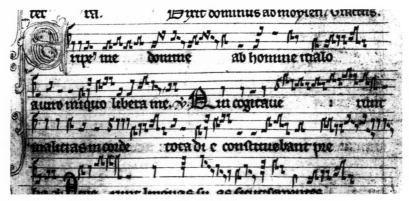

図15　*Sarum* (99)

音楽理論

　グイド（Guido d'Arezzo, 991/992-1050）の著作——『ミクロログス *Micrologus*』、『韻文規則 *Regule ryhthmicae*』、『アンティフォナリウム序文 *Prologus in antiphonarium*』、『未知の聖歌に関する修道士ミカエルへの書簡 *Epistola de ignoto cantu directa ad Michahelem*』（ダレッツォ 2018）——には、旋法、聖歌の指導法に関する記述が多々見られる。そこには、ドレミの起源の一つとされる賛歌 *Ut queant laxis* の解説も含まれている。

　グイドの業績については議論の余地が残されているものの、彼の記述からは、音高非明示ネウマによる写本の限界が10世紀末から11世紀前半に現れ、その解決法が必要とされていたことが推測される。しかし、グイドがいずれ

の写本を前提としていたかは定かではない。彼自身がイタリアのフェッラーラのポンポーザ修道院で過ごしていた時期があることから、中央イタリア系ネウマに接していた可能性は十分に考えられる。

レパートリーの拡充

　聖歌の誕生から13世紀までの間には、フランク王国を起源とする聖歌の保存と、新しい祝祭日の導入に合わせた新しい聖歌の創作などが、同時並行で進められた。その過程ではトロープス[10]やセクエンツィア[11]が生まれた。
　また11世紀以降には、ミサ通常唱のレパートリーが新たに作曲された。その多くには、旋法に限らず、長短調を思わせる要素や、教会の大空間を満たすことを目的とした、メリスマ[12]的な要素が多用されるようになった。

3　14世紀 – 18世紀 —— 衰退

「メディチ版 *Editio Medicaea*」の誕生

　14世紀以降、教会を取り巻く環境は大きな変化を遂げた。宗教改革、トリエント公会議（1545-1563）、フランス革命（1789-1795）などに代表される人文主義の動きは、聖歌とそれを取り巻く環境にも大きな影響を与えた。新曲の創作が行われた形跡も、アレルヤ唱を除き、ほとんど見られない。

　聖歌は、聖歌集編纂のための研究対象となり、過去の遺産として位置づけられるようになった。例えば、パレストリーナ（G. P. da Palestrina, 1525-1594）は、教皇の命を受け、トリエント公会議の後に、聖歌集の作成に着手した。しかし、聖歌集の整備は困難を極めた。体系的な聖歌集が過去に全く存在せず、10世紀の写本の存在も知られておらず、その他の歴史的資料も発掘されていなかったからである。また、パレストリーナ自身、トリエント公会議の方向性に沿った自作品の創作にエネルギーを注いでいたため、彼の生前に編纂作業が終了することはなかった。さらに死後に、編纂原稿が破棄されてしまったため、パレストリーナによる作業の実際を知る術はなかった。

　それゆえ、編纂を引き継いだアネリオ（F. Anerio, 1562-1614）とソリアーノ（F. Soriano, 1548/9-1621）は、ほとんどゼロと言ってもよい状態から作業を行わなければならなかった。この2人によって編纂された初の教会公認聖歌集は、『グラドゥアーレ・デ・テンポーレ *Graduale de Tempore*』（1614）と『グラドゥアーレ・デ・サンクティス *Graduale de Sanctis*』（1615）と命名された。これらは、出版社の名に因み、通称「メディチ版」と呼ばれている。

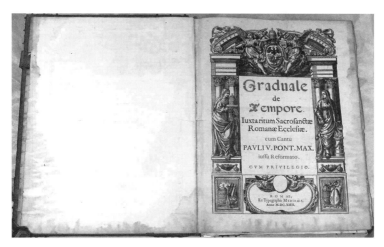

譜例3　*Graduale de Tempore*（上：タイトル頁；下：300-301）

　メディチ版の特徴は、従来の旋律を、当時の音楽的趣向や音楽理論に沿って躊躇なく変更し、計量的な音価を表す四角符（Longa, brevis など）が用いられている点にある。したがって、このメディチ版は8世紀に誕生した聖歌を受け継いだものとは言えないが、17世紀の聖歌受容を表す貴重な資料である。

その後

　共通聖歌集としてのメディチ版は、確かにトリエント公会議の要望に沿ったものとなり、その普遍化は様々な形で試みられた。しかし同時に、各国の伝統に基づく独自の聖歌集や手引きの編纂も盛んになり、『マインツにおけるグレゴリオ聖歌の手引き *Manuductio ad cantum choralem gregoriano-Mogunti-num*』(Philip 1672) などが各地で出版された。またフランスでは、政治的なガリア主義により、ローマで作られた聖歌集の代わりに、新しい旋律やテキストを持つ「ネオ・ガリア聖歌 Neo-Gallican Chant」が作られた。デュ・モン（H. du Mont, 1610-1684）による《グレゴリオ聖歌による5つのミサ曲 *Cinq messes en plein-chant*》(1669) はその一例である。これらのスタイルは伝統的なグレゴリオ聖歌風に処理されているが、音の選択は長短調の仕組みに沿っている。またその多くには、フランス・オペラのレチタティーヴォのような感情的旋律が、計量記譜法により、装飾音の表記を伴って表現されている。

　さらに18世紀になると、聖歌の「感情表現」に注目が集まるようになり、他作品への引用に際し、それらの感情的表現内容に合った音楽的処理が試みられるようになった。例えば、この時期のミサ曲（オルガンやオーケストラ伴奏による）では、クレドにおいて、歌詞が複数の部分に区分けされ、各部の感情的内容に合わせた音楽が付されている。

4　19世紀 – 20世紀半ば —— 復興

聖歌にとって、19世紀は一つの転換点である。聖歌の起源に少しずつ目が向けられるようになったからである。背景には、19世紀の教養人が抱いた「過去への憧れ」があった。メンデルスゾーン（F. Mendelssohn, 1809-1847）は、イタリア旅行時の書簡において、ヴァティカンのミサで体験した聖歌（おそらくメディチ版によるもの）やキリスト教文化に対する憧れを綴っている（Mendelssohn 2011）。

このような過去への憧れや回帰を求める動きは典礼の再整備を促し、聖歌研究を促進する大きな要因ともなった。研究の中心はフランスとドイツであり、前者はソレムのベネディクト会サン・ピエール修道院 Abbaye Saint-Pierre de Solesmes（以下ソレム）において行われ、ポティエ（J. Pothier, 1835-1923）とモクロー（A. Mocquereau, 1849-1930）がその礎を築いた。後者は、レーゲンスブルクが中心となり、ヘルメスドルフ（M. Hermesdorff, 1833-1885）、ハーベルル（F. X. Haberl, 1840-1910）が指導的な役割を果たした。

「ヴァティカン版 *Editio Vaticana*」誕生まで

写本研究は19世紀後半に本格的に始まるが、その半世紀ほど前に、すでにその前触れが起きていた（表5）。特に、音名文字を伴うモンペリエの写本（*Mp*）が発見されたことにより、中世の聖歌とメディチ版の相違が明らかにされ、写本研究の必要性が強く認識されるようになった。

表5　19世紀初期－中期における写本研究

研究	Choron, Alexandre. 1811. *Considérations sur la nécessité de rétablir le chant de l'église de Rome dans toutes les églises de l'empire*. Paris: Courcier. Lambillotte, Loius. 1851. *Antiphonaire de Saint Grégoire: fac-similé du manuscrit de Saint-Gall*. Paris: Poussielgue-Rusand.
歴史的発見	1846年 モンペリエの写本 *(Mp)* 発見（Klöckner 2009, 158）

フランス

　ソレムにおける写本研究は、修道院を再興したゲランジェ（P.-L.-P. Guéranger, 1805-1875）に始まり、ポティエ、モクローなどによって展開された。その研究手法は、各地に残されていた写本を蒐集し、ネウマの形状を探り、それらを基に旋律の原型を探ろうとするものであった。これは他分野の写本解読に因み、パレオグラフィと呼ばれた。これにより、各地に散逸していた写本の整理と、ネウマの図形的役割（音の上行・下行）の解明が進んだ。そして、写本のファクシミリ版『パレオグラフィ・ムジカル *Paléographie musicale*』（*PM*）の出版が実現した。さらに、それを基にした旋律の復元を試み、聖歌集を編纂した。ただし、それらはいずれも角符記譜法を採用し、初期の音高非明示ネウマを並置したものではなかった。

表6　ソレムにおける19世紀の主な研究と聖歌集

研究	Guéranger, Prosper-Louis-Pascal. 1840, 1841, 1851. *Institutions liturgiques*. 3 vols. Le Mans: V. Fleuriot. Gontier, Augustin-Mathurin. 1859. *Méthode raisonnée de plain-chant*. Paris: V. Palmé. Pothier, Joseph. 1880. *Les mélodies grégoriennes d'après la tradition*. Tournai: Desclée. Pothier, Joseph, and Mocquereau, André. 1889-. *Paléographie musicale (PM)*. Solesmes, etc.
聖歌集	*Liber Gradualis* (*LG* 1883). Tournai: Desclée 1883. *Kyriale*. Solesmes 1891. *Liber Antiphonarius*. Solesmes 1891. *Liber Gradualis*. Solesmes 1895. *Liber Usualis*. Solesmes 1896.

譜例4　*Liber Gradualis* (*LG* 1883, 4)

ドイツ

　ソレムと同時期に、ドイツの聖歌研究の中心となったのが、レーゲンスブルクであった。パッサウの司祭ハーベルルは、リスト（F. Liszt, 1811-1886）の勧めもあり、1874年にレーゲンスブルクに教会音楽学校（現レーゲンスブルク・カトリック教会音楽・教育大学）を創設した。彼は、1860年代にフライジングでメディチ版を研究し、パレストリーナの編集によるメディチ版の再興が必要だと考えた（当時は、メディチ版がパレストリーナによって作られたと思われていた）。そして彼は、教皇庁の推薦を得て、メディチ版に基づく聖歌集（プステット版 *Editio Pustet* ／ネオ・メディチ版 *Editio Neo Medicaea*）——『グラドゥアーレ・ロマーヌム *Graduale Romanum*』（1871）、『ヴェスペラーレ・ロマーヌム *Vesperale Romanum*』（1879）—— を出版した。この聖歌集は、メディチ版に上書きしたものであり、後にソレムの聖歌集にとって代わられた。このメディチ版から脱却することのできなかった姿は、「教会の神聖性」を重視した結果とも言われている（Klöckner 2009, 160）。

表7　レーゲンスブルクにおける19世紀の主な研究

研究 ネウマ並記の聖歌集を含む	Hermesdorff, Michael. 1863. *Graduale juxta usum ecclesia cathedralis trevirensis.* Trier: J.B. Grach. ——. 1876. *Graduale ad normam cantus S. Gregorii.* Trier: J. B. Grach.
聖歌集	*Graduale Romanum.* Pustet 1871. *Vesperale Romanum.* Pustet 1879.

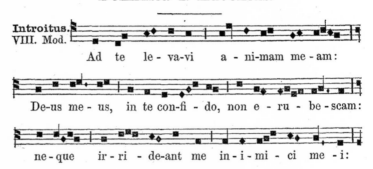

譜例5　M. Hermesdorff, *Graduale juxta usum ecclesia cathedralis trevirensis* (1)

譜例6　M. Hermesdorff, *Graduale ad normam cantus S. Gregorii* (1)

「ヴァティカン版」の編纂

　ソレムとレーゲンスブルクにおける研究の正統性を巡り、20世紀初頭まで、様々な議論が交わされた。1882年に開催された初の教会音楽会議（アレッツォ会議）では、プステット版に対する疑義が出され、ソレムの研究に対する関心が高まった。その影響もあり、プステット版の教皇庁推薦継続は認められなかった。1901年には、レオ13世（Leo XIII, 1810-1903）がソレムの修道院長に、研究に対する賞賛と、実用的な聖歌集編纂を委託する旨の書簡を送っている。

　1903年になると、ピウス10世（Pius X, 1835-1914）が「モトゥ・プロプリオ *Motu Proprio*」を発布し、聖歌の典礼における位置を再定義し、その保全の必要性を示した。1904年には、教皇庁公認による聖歌集編纂のために、ポティエを長とする聖歌編纂委員会が組織された。ここに託された課題は、旋律修復と、聖歌を典礼において実践的なものにするという2点であった。旋律修復に関しては、ソレムの研究方針が概ね了承され、中世の写本に基づく復興が推奨されたものの、演奏法の一致は見られなかった。そのため、教皇は焦りを感じ、ポティエに強い権限を与え、一刻も早い聖歌集の提出を求めた。その結果、委員の一人であったモクローが4つの聖歌集 ――『キリアーレ・ロマーヌム *Kyriale Romanum*』（1905）、『グラドゥアーレ・ロマーヌム *Graduale Romanum*』（*GR* 1908）、『オフィツィウム・プロ・デフンクティス *Officium pro defunctis*』（1909）、『アンティフォナーレ・ロマーヌム *Antiphonale Romanum*』（1912）―― を提出する形で、委員会としての聖歌集の編纂を終えることになった。この4つの聖歌集は「ヴァティカン版」と呼ばれている。

PROPRIUM DE TEMPORE

Dominica prima Adventus.

譜例7　*Graduale Romanum*（*GR* 1908, 1）

ソレム・メソッドの確立

　すでに述べたように、聖歌編纂委員会では、リズムの共通認識を得ることが叶わなかった。それは、リズムに関する歴史的な記録が、写本以外に残されていなかったからである。いずれの主張も歴史的根拠に欠け、議論が平行線を辿ったことは容易に想像される。実際、1908年に出版された *GR*（譜例7）には、譜例1（本書9頁）に示した楽譜（*GR* 1974）に見られるソレムのリズム記号は未だ見られない。

　しかし、復興した聖歌を実践的にしなければ、過去と同様に、再び聖歌自体が忘れられる懸念もあった。そして、モトゥ・プロプリオを実行するため

にも、実践的なリズムの指針を示す必要があった。そこで注目されたのが
ソレムで考案された方法であった。このソレムの考え方は、モクローによっ
てソレム・メソッドとして確立されたものであり、1960年代まで世界各地
で用いられた。その普及はソレム・メソッドの解説とソレムのリズム記号が、
ヴァティカン版に付されたことに依るところが大きかった。『アンティフォ
ナーレ・モナスティクム *Antiphonale Monasticum*』（1934）と、『グラドゥアー
レ・ロマーヌム *Graduale Romanum*』（1938）には、「まえがき」として、ソレ
ム・メソッドの詳説が添えられている。これに対し、19世紀末から主張さ
れてきた計量主義的発想は、あまり実践的な効果が認められず、ソレム・メ
ソッドの確立以後、それを主張する研究者は現れなかった。

表8　ソレム・メソッドと計量主義的発想

ソレム・メソッド	Mocquereau, André. 1908, 1927. *Le nombre musical grégorien ou rythmique grégorienne.* 2 vols. Tournai: Desclée.
計量主義的発想	Houdard, Georges-Louis. 1897. *L'art dit grégorien.* Paris: Fischbacher. Dechevrens, Antoine. 1898. *Etudes de science musicale.* 3 vols. Riemann, Hugo. 1905. *Handbuch Musikgeschichte.* 2 vols. Leipzig: Breitkopf & Härtel. Wagner, Peter. 1911, 1912, 1921. *Einführung in die Gregorianischen Melodien.* 3 vols. Leipzig: Breitkopf & Härtel.

図16　A. Dechevrens, *Etudes de science musicale* (III, 139)

Fig. 95

図17　A. Mocquereau, *Le nombre musical grégorien ou rythmique grégorienne* (I, 162)

譜例8　*Kyriale* (*WK* 1904, 51)

譜例9　*Liber Usualis* (*LU* 1924, 39)－1896年版 (*LU* 1896) の五線譜バージョン

5　20世紀半ば-現在 ── セミオロジー

　第二次世界大戦後、研究の進展に伴い、写本に書き込まれている情報とヴァティカン版との相違に焦点が当てられるようになる。そして、ネウマのサウンドを再現しようとする動きが活発になった。表9は、1950年代以降の研究について、その変遷を整理したものである（佐々木 2020）。

表9　1950年代以降の研究内容

年代	研究の主な内容
1950年代 −1960年代	**セミオロジー確立へのスタート**
	ネウマの分離、ネウマとテキスト
	言葉のアーティキュレーションとネウマの関係、融化における拡大と縮小
1970年代	**セミオロジーの確立**
	方法論：ネウマの考察における基本方針
	融化の基本的意味
	写本のネウマを音楽的に再現する実験的演奏の試み
1980年代 −1990年代	**旋律修復へのスタート**
	写本精査と旋法理論の諸問題（si と si♭ の問題など）　→ 旋律修復の試み
	音楽的コンテクスト（文脈）におけるネウマの意味を探る。　→ リズム解釈：サウンドのアーティキュレーション 基礎理論 ・リズム・アーティキュレーション ・ネウマのテンポ感：3分類　→ ネウマのアーティキュレーション
	音楽的コンテクストにおける融化ネウマの意味
	演奏における分析理論の実践
2000年代−	**『グラドゥアーレ・ノーヴム *Graduale Novum*』（*GrN*）の出版**
	演奏実験のCD全集化
	音楽史学の成果 グレゴリオ聖歌の成立史に関する共通認識の確立：「フランク・グレゴリオ聖歌」

1950年代 − 1960年代

　1950年代に主導的な役割を果たしたのは、ソレムにおいて首席先唱者を務めていたカルディーヌであった。彼は、研究に携わるようになってからほどなく、ヴァティカン版のソレム・メソッドに基づくリズム記号と、写本のネウマの組み合わせが一致していないことに気づいた。そして、ネウマ自体にこそリズムを解明する手掛かりがあると考え、アグストーニ（L.Agustoni, 1917-2004）、ヨッピヒ（G.Joppich, 1932-）、フィッシャー（R.Fischer, 1939-2001）等の協力を得て、ネウマそのもののサウンドを考察する研究を進めた。

セミオロジーの誕生

　セミオロジーの誕生は、1946年にカルディーヌとアグストーニがソレムにおいて運命的な出会いを果たしたことに端を発する。アグストーニは後年、その時の出来事を次のように振り返っている。

　　私はカルディーヌに、ソレムの理論書と演奏様式のいくつかの矛盾について、100の質問と反論をしたのを正確に覚えている。私は、ソレムのリズム記号と古い写本の矛盾に直面し、面食らってしまったのである。そしてさらに、パレオグラフィックな記号に見られる、数えきれないほど存在する細かい部分の意味について、質問を投げかけた。（中略）カルディーヌは私にある課題を託した。それは、彼の主導の下に、ネウマ冒頭の「ネウマの分離」[13]を深化させるというものだった。彼自身は、ネウマの終止部に見られるネウマの分離の理論に関する詳細な考察を行っていた。そして私は、ネウマ冒頭のネウマの分離における考察の結果を、1950年にローマで開かれた第1回教会音楽会議の講演で発表することができた。（Agustoni 1985, 13-15）

　この「ネウマの分離」は、ネウマに見られるグルーピングの規則性に関す

る理論である（本書83-85頁）。カルディーヌは、ネウマの視覚的な分離が何らかの法則性のもとに存在し、それがサウンドにおけるリズムを考える上でのヒントになるのではないかと考えた。カルディーヌとアグストーニによるネウマの分離に関する研究は、1948年以来、20年以上かけて行われた（表10、表11）。その中でも、カルディーヌによる1952年と1963年に発表された研究（Cardine 1952, 1963）、アグストーニによる1963年の研究（Agustoni 1963）が、ネウマの分離理論の確立を決定づけた。そして1968年には、カルディーヌのローマ教皇庁立音楽院における講義録『グレゴリオ聖歌セミオロジー *Semiologia gregoriana*』（Cardine 1968）が発表され、1970年にはそれが再編集され、『グレゴリオ聖歌セミオロジー *Sémiologie grégorienne*』（Cardine 1970b＝1979）として出版された。

　このネウマの分離の発見は、「ネウマをサウンドの根源と考える」という、それまでにはない全く新しいネウマ理解の可能性を示した。そしてこのようなネウマ理解を前提とする聖歌研究の領域は、カルディーヌ自身によって「グレゴリオ聖歌セミオロジー」と命名された。表12に示すカルディーヌやゲシュル（J. B. Göschl, 1941-）による記述からも明らかなように、ネウマをサウンドの記録として考える発想自体は、非常に斬新であったことが窺える。

表10　カルディーヌの主な研究

研究	1952. "Signification de la désagrégation terminale." *Revue grégorienne*, 31: 55-65. 1957/1959. "Neumes et rythmes, actes du 3è congrès international de musique sacrée 1957." *Études grégoriennes*, 3: 146-154. 1963. "Le chant grégorien est-il mesuré ?" *Études grégoriennes*, 6: 7-38. 1968. *Semiologia gregoriana*. Roma: Pontificio istituto di musica sacra. 1970a. *Primo anno di canto gregoriano*. Roma: Pontifitio istituto di musica sacra. ［カルディーヌ, ウージェーヌ　2002『グレゴリオ聖歌の歌唱法』　水嶋良雄、高橋正道訳、東京：音楽之友社］ 1970b. *Sémiologie grégorienne*. Solesmes. ［カルディーヌ, ウージェーヌ　1979『グレゴリオ聖歌セミオロジー』　水嶋良雄訳、東京：音楽之友社］
聖歌集	*Graduale Neumé*. Solesmes 1963.

表11　アグストーニの主な研究

研究	1946. *Primo corso di canto gregoriano secondo la scuola di solesmes*. Como: Scuola diocesana di musica sacra. 1949. "Die Musik im Kloster." *Allerheiligen Schaffhauser Beiträge zur Geschichte*, 26: 173-215. 1951, 1952. "Notation neumatique et interprétation." *Revue grégorienne*, 30, 31: 173-190, 223-230 (1951), 15-26 (1952). 1959. *Elementi di canto gregoriano*. Milano: Pontificio istituto ambrosiano di musica sacra. 1963. *Gregorianischer Choral*. Freiburg: Herder. 1987, 1992. *Einführung in die Interpretation des Gregorianischen Chorals*. 3 vols. Regensburg: G. Bosse. (with Göschl, Johannes Berchmans)

TAVOLA DEI NEUMI DI SAN GALLO

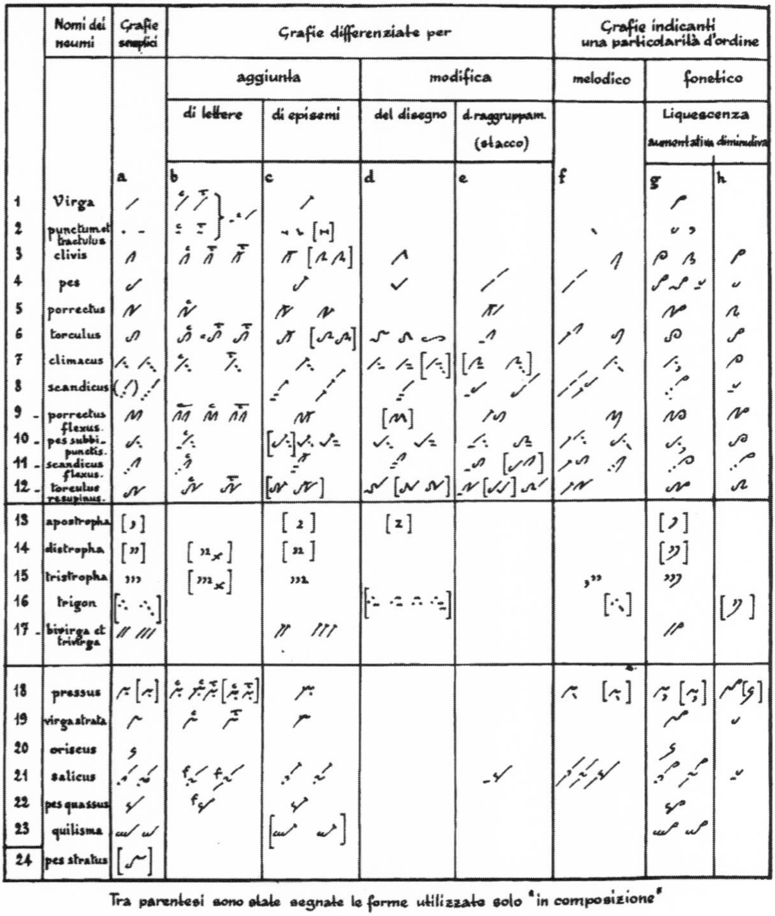

Nomi dei neumi	Grafie semplici	Grafie differenziate per				Grafie indicanti una particolarità d'ordine		
		aggiunta		modifica		melodico	fonetico	
		di lettere	di episemi	del disegno	d. raggruppam. (stacco)		Liquescenza aumentativa diminutiva	
	a	b	c	d	e	f	g	h
1 Virga								
2 punctum et tractulus								
3 clivis								
4 pes								
5 porrectus								
6 torculus								
7 climacus								
8 scandicus								
9 porrectus flexus								
10 pes subbipunctis								
11 scandicus flexus								
12 torculus resupinus								
13 apostropha								
14 distropha								
15 tristropha								
16 trigon								
17 bivirga et trivirga								
18 pressus								
19 virga strata								
20 oriscus								
21 salicus								
22 pes quassus								
23 quilisma								
24 pes stratus								

Tra parentesi sono state segnate le forme utilizzate solo "in composizione"

図18　E. Cardine, *Semiologia gregoriana* (7)

表12　セミオロジーに関するカルディーヌやゲシュルの発言

カルディーヌ	セミオロジーは、オーセンティックかつ客観的な解釈の基本的原則を推定するために、記号に見られる多様性の根拠（ロゴス）を検証するものである。そこでは、グレゴリオ聖歌が作られた時代とは無関係な、現代の美学的に基づくコンセプトやリズムの考えを引き合いに出すことはしない。解釈は、多様な記号の比較作業が私たちに示す真実によって、導かれなければならない。つまりそれが、演奏によって生み出されるサウンドを判断するための、唯一の真なる基準なのである。（Cardine 1970b, 2 = 1979, 3）
	すべては、ネウマという記号の知識と音楽的意味に起因している。これこそまさにグレゴリオ聖歌セミオロジーがテーマとするところである。その名が語っているように、一つないし複数の音を再現、あるいは、より「具象的に描く」ために、特定の記号が他の記号よりも優先される根拠を明らかにすることが重要である。考察の初めには、記譜されている記号について、年代、地域、分類を解析するパレオグラフィックな研究が必要である。しかしさらに音楽的解釈の領域で研究しようとするならば、セミオロジーにおける方法論を用いなければならない。（Cardine 1985, 25）
ゲシュル	グレゴリオ聖歌パレオグラフィは、単にネウマの外見上の形について、歴史的変遷と書法の地理的配分について研究を行うものである。これに対して、グレゴリオ聖歌セミオロジーは、ネウマという記号の音楽的意味を明らかにする学問である。（Göschl 1980, 101-102）

1970年代－2000年代

　セミオロジーは、1970年代以降、聖歌研究の方向性に大きな影響を与えた。1975年には、聖歌に興味関心のある様々な人々が集う AISCGre（国際グレゴリオ聖歌学会）が設立された。そして現在に至るまで、この学会を中心に、セミオロジーが展開されている。

基礎研究

　以下に示すのは、セミオロジーの中でも、最も重要なものと考えられている基礎研究である。

① カルディーヌ『グレゴリオ聖歌セミオロジー』

②『グラドゥアーレ・トリプレックス *Graduale Triplex*』(*GT* 1979)

ザンクト・ガレン系ネウマとラン系ネウマが、ヴァティカン版に併記された聖歌集。旋律の変更は行われていないため、*GR* の改訂版として位置づけられ、ヴァティカン版の一種に数えられることが多い。

譜例10　*Graduale Triplex* (15)

③『グレゴリオ聖歌解釈への導入 *Einfühlung in die Interpretation des Gregrianischen Chorals*』(Agustoni and Göschl 1987, 1992)

アグストーニとゲシュルによる全3巻、900頁を超える大著。カルディーヌの『グレゴリオ聖歌セミオロジー』と併せて参照される。

研究方法の原則

(1) ネウマ自体の考察

- カルディーヌによる『グレゴリオ聖歌セミオロジー』を基礎文献とする。

- 「原典資料（写本）比較」（特に、ザンクト・ガレン系ネウマとメス系ネウマとの2系統の比較）を前提とする。その際、旋律の原型を記録していると考えられる音高非明示ネウマによる写本を一次資料として扱う。

(2) 音楽的コンテクストにおけるネウマの考察（本書第2章）

- 音楽的コンテクストにおけるネウマの考察に際しては、テキストのリズム感とネウマのテンポ感、そして旋律の観点などから、多角的に分析する。その際の情報は、音高非明示ネウマによる写本と、音高明示ネウマによる写本から読み取ることのできるものを前提とする。
- 上記の分析から生じる結果は、サウンドのアーティキュレーションという概念で捉える。
- 旋律の音程に関しては、それが記されている音高明示ネウマによる写本を前提とするが、原型はあくまでも音高非明示ネウマによる写本に記されており、音高明示ネウマによる写本のみに比重を置いた議論は避ける。

旋律修復[14]

AISCGre では、旋律修復のための委員会が設置され、ドイツ支部学会誌『グレゴリオ聖歌学論集 *Beiträge zur Gregorianik*』（*BzG*, AISCGre Deutschsprachige Sektion 1985-）では第21号以降、旋律修復の結果が掲載されている。これが、2010年代に出版された *GrN* の基礎となった。確かに19世紀後半から、ソレムにおいて旋律の原型を探る研究は見られたが、1908年の *GR* 出版までにその作業をすべて終えることはできなかった。そのため、聖歌創作時の旋律を再現した聖歌集は、2011年に出版された *GrN* が最初のものと言える。*GrN* は2巻からなり、ミサ固有唱とミサ通常唱の修復された旋律が収録されている。

旋律修復は、写本比較の資料（図19）に基づき、次の手順で行われてきた（Göschl 2018）。① 対象となる旋律について、写本における収録状況を調査す

る。② 音高非明示ネウマによる写本のネウマ比較を行い、創作時の音の動きがどのようなものであったかを仮定する。その際、指示文字（本書71-72頁）や融化ネウマ（本書86-87頁）の有無も検討する。③ ②の作業と音高明示ネウマによる写本の動き、そしてヴァティカン版（*GR, GT*）を比較し、音程の原型を考える。④ ネウマの動きと音高を確定し、それを組み合わせ、最終的にヴァティカン版の旋律を修復する。譜例11はこれらの手順を経て修復された旋律（*GrN*）である。

図19　旋律修復における写本の比較
In. *Gaudete in Domino* (*GT*, 21; *GrN*, I: 11)

DOMINICA TERTIA ADVENTUS

譜例11　*GrN*, In. *Gaudete in Domino* (I, 11)

2010年以降

　セミオロジーの確立以後、40年を経て、研究は一つの区切りを迎えた。2011年に、*GrN*の第1巻が教会認可の下に出版された。これは*GT*以来の快挙であり、これまでのセミオロジーの研究が反映されている。多くの聖歌の音程がネウマに合わせて変更されるとともに、ソレム・メソッドのリズム記号がすべて削除され、区分線の変更も行われた。そして2018年には第2巻も出版された。また、*GrN*を用いたCD全集も企画され、2017年末には15枚からなる新CD集（*GrN-CDs* 2017）が発売された。

新聖歌集 *GrN*

　この聖歌集の旋律は、前述のとおり、AISCGreに設置された旋律修復委員会が手掛けた研究を基に、復元されたものである。ゲシュルは*GrN*における旋律の特徴を次のように述べている。

> 　多くの旋律は、最も古い中世の資料に沿って、全面的に見直された。複音符ネウマ〔グループネウマ、本書66頁〕の再生に関しては、音高非明示ネウマによる写本のグルーピングを参照し、*GR*とは全く異なる結果が導き出された。多くが移旋されたヴァティカン版とは異なり、ほとんどの曲が旋法通りに記譜された。そして*GrN*では、昔から唯一許されていたシ♭に加え、他の音を半音変化させたもの —— ミ♭ファ♯ド♯、そして希少なラ♭ —— が登場することになった。これは、グレゴリオ聖歌の1000年を超える記譜法の歴史において、全く新しい出来事である。変化音の使用に確信が持てない場合は、「括弧（　）」の中に変化記号を入れた。そこでは、演奏者ないし聖歌隊を率いる者が、変化音を歌うべきか、もしくは変化させない音を歌うべきかを決めなければならない。（ゲシュル 2018, 43-44）

譜例12　*GrN*, In. *Deus in loco* (I, 32)

GrN の概要

① 収録曲

　　ミサ固有唱、ミサ通常唱集 (Kyriale)。現在の教会暦 (A、B、C 年) に沿っ
　　ている。

② ネウマ

　　四線譜の上下に置かれたネウマは、*GT* の伝統を踏襲し、メス系ネウマ
　　（上部）とザンクト・ガレン系ネウマ（下部）である。

③ 区分線

　　写本にはそもそも区分線が存在しない。楽譜に見られる区切りを表す各
　　種の線は、編集者のテキストと旋律の分析によって挿入された補完的な
　　要素である。ゲシュルによると、*GrN* の区分線は次のような意味を持
　　つ（Göschl 2015）。

表13　*GrN* の区分線とその意味

区分線		意味
複縦線		曲の最後 演奏者の交替
大区分線		曲中 テキストと旋律の区切り ブレスの必要性
中区分線		曲中 テキストの意味と抑揚による大きなまとまり
小区分線		曲中（括弧内：任意） テキストの意味と抑揚による小さなまとまり 小区分線前後のコンテクストは継続 カンニングブレスの可能性

今後の方向性

　このように、1970年代以降、セミオロジーがそれまでの理論を根底から覆し、聖歌研究に大きな影響を与えてきたことは、疑いようのない事実である。そして、すでに研究の段階は応用研究へと移行しようとしている。我が国における研究のあり方も、今後否応なく、大きな変化を求められる。

　2015年と2019年に開催された国際大会における発表からは、今後の研究の方向性として、教父神学と聖歌の関わりが取り上げられた。聖歌が作られた時代、教会の神学は教父神学に基づいて形成されていた。その特徴は、アレゴリカル・インタープリテーション（寓意的解釈）にあり、これは現在の神学とは異なる部分も少なくない。聖歌の作者が聖書をアレゴリカル・インタープリテーションに基づいて読んでいたとするならば、聖歌のテキストや旋律の中に置かれた力点は、現在の神学を前提とする解釈とは異なってくるのではないか。これが少なくとも、未だ不明な点の多い聖歌の作曲法に一つのヒントを与える可能性があるのは確かである。本書第3章も、この流れに

沿った著者の研究の一つである。

ドイツ語圏以外の研究状況

　セミオロジーの研究は、1980年代以降、主にドイツ語圏で行われてきた。確かにカルディーヌによる『グレゴリオ聖歌セミオロジー』は、数多くの言語に翻訳されたが、ドイツ以外の地における研究活動は必ずしも体系的なものにはなっていない。AISCGre のイタリア支部、スペイン支部、ポーランド支部、日本支部においても活動は行われているが、理論研究よりも、演奏実践の比重が大きい。

　またフランス、イギリス、カナダ、アメリカなどにおいても、それぞれ研究が継続されている。その主な内容は、セミオロジーに基づきつつも、リズムに関する研究は少なく、パレオグラフィックなものが多い。また、グレゴリオ聖歌が、音楽学における「中世音楽」の一分野として位置づけられている例も多く、歴史的背景に加え、旋法、形式などの特徴が考察されている。

第2章
セミオロジーにおけるリズム解釈

　セミオロジーにおけるリズム解釈の大きな特徴は、サウンドのアーティキュレーションにある。19世紀後半から20世紀前半のリズム解釈は、その情報を聖歌の角符記譜法や当時の音楽理論を記した資料から読み取ろうとするものだった。しかし、ネウマによる写本を見る限り、そこに周期的、計量的に捉えられるリズムが示されていると見做すことは客観的に不可能であった。そこでカルディーヌやアグストーニは、周期的なリズムという概念ではなく、ネウマの示唆する要素 —— 音高、音の長さ、音の質感（重い、軽い）など —— により空間にもたらされるサウンドのグルーピングや強調・非強調に注目した。そしてそれをサウンドのアーティキュレーションと捉え、聖歌のリズム解釈の根底に据えた。

　このサウンドのアーティキュレーションは、空間に生成され、その中で聴覚的に認識される現象である。それゆえ、そのすべてを言葉で説明することは難しく、詳説したものは非常に少ない。しかし、これまでのセミオロジーの研究とそれを活かした再現活動のテーマはいずれも、最終的にサウンドのアーティキュレーションに集約される。そこで本章では、セミオロジーの研究から、サウンドのアーティキュレーションについて、その要素を整理する。

セミオロジーにおけるサウンドのアーティキュレーション
　セミオロジーにおけるサウンドのアーティキュレーションの要素は、テキストやネウマに関するものと、音組織に起因するものとに大別される（図20）。この2つに起因する音の強調・非強調をもとに、音の方向性 —— 音は後続音に対して、向かおうとするのか、あるいは区切ろうとするのか、それらの作用は前後関係から相対的にどの程度のものか —— を判断し、それら

をグルーピングし、空間での実践における前提とする。これが、セミオロジーにおけるサウンドのアーティキュレーションすなわち、聖歌におけるサウンドのアーティキュレーションである。この50年に費やされた多くの議論は、そのために存在していたといっても過言ではない。

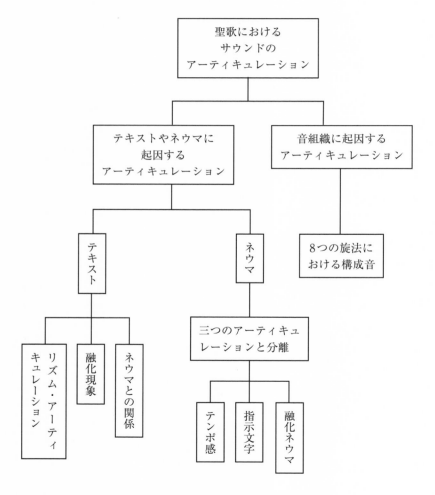

図20　アーティキュレーションの要素

1　テキストやネウマに起因するアーティキュレーション

　テキストやネウマに起因するアーティキュレーションを考える際には、テキストとネウマにおける各要素を検討し、統合する必要がある。その中でも、大前提となるのが、テキストのアーティキュレーションである。なぜなら、グレゴリオ聖歌は「言葉を歌う Parola cantata」（ゲシュル 2018, 35）ものであり、テキストがすべての根源になっているからである。

1　テキスト

(1) リズム・アーティキュレーション

　リズム・アーティキュレーションは、音楽のリズムを指すものではない。それはテキストの抑揚であり、『グレゴリオ聖歌解釈への導入』にもその内容が詳述されている（Agustoni and Göschl 1987, I: 108-120）。このリズム・アーティキュレーションは本来、主にヨーロッパ言語の詩文について、テキストの朗読法を考えるための理論である（Lösener 2006）。

　図21は、『グレゴリオ聖歌解釈への導入』のリズム・アーティキュレーションの要素と分析例を示したものである（Agustoni and Göschl 1987, I: 109）。セミオロジーの研究では、この理論によって導かれるテキストのリズム感（図21のテキスト上の2種類の曲線）を、聖歌全体の音楽的な流れの大枠と捉える。

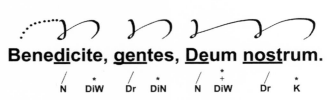

テキストの
大きなまとまり

テキストの抑揚
＝テキストの
リズム感

Benedicite, gentes, Deum nostrum.

/　＊　　　/　　＊　　/　＊　　　/　＊
N　DiW　Dr　DiN　N　DiW　Dr　K

図21　リズム・アーティキュレーションの分析例

検討手順

① 2音節以上の単語について、各単語のアクセント音節（/）と語尾音節（＊）を調べる。

② アクセント音節は、発音する際にいくらか伸ばされることから、単語を発音する際の「動きの支点 Dr＝Drehpunkt」と考える。その際、一音節の単語は、アクセント音節と語尾音節が同一のため、この対象から外す。またテキストの始まりにおけるアクセント音節は、「動きの支点」の代わりに、「開始点 N＝Neubeginn」とする。

③ 語尾音節は、発音する際の区切りとなることから、単語を発音する際の「動きの区切点 Di＝Distinktion」と考える。そして、次の言葉との区切りを付け、次の言葉を新しく始めようとするもの（DiN＝Distinktion mit Neubeginn auf der folgenden Silbe）と、次の言葉への繋ぎをしようとするもの（DiW＝Distinktion mit Weiterführung auf der gleichen Silbe）に分類する。

④ ②の動きを曲線（図21のテキスト上の2種類の曲線）で結ぶことにより、テキストの流れ、ないし朗読の流れが視覚化される。

＊上級者編：『グレゴリオ聖歌解釈への導入』を踏まえると、③と④の間には、単語の前後関係と文章としての解釈を行う必要がある。そうすると、Deum nostrum の nostrum が重要であることになり、Deum の

um は DiW よりもさらに nostrum と結びついていると見做すことができ
る。それゆえ um を DiW ではなく、副次的なアーティキュレーション
（untergeordnete Wortartikulation、記号＋）と考えることもできる。

リズム・アーティキュレーションの基本的要素

朗読される際のテキストの抑揚＝テキストのリズム感＝聖歌全体の音楽的
な流れの大枠（テキスト上の波線）。

発音に起因するもの
- 下線：リズム・アーティキュレーションの中心箇所
- ／：アクセント・アーティキュレーション（［独］Akzentartikulation /［英］accented articulation）＝アクセント音節
- ＊：語尾・アーティキュレーション（［独］Endartikulation /［英］final articulation）＝語尾音節

単語の朗読上における動きに起因するもの
- Dr：言葉（単語）の動きの支点（［独］rhythmischer Drehpunkt /［英］rhythmic pivot point）
- Di：言葉（単語）の動きの区切点（［独］rhythmische Distinktion /［英］rhythmic distinction）
- DiN：次の言葉（単語）との区切りを付け、次の言葉を新しく始めようとするもの（［独］Distinktion mit Neubeginn auf der folgenden Silbe /［英］distinction with new begin to next syllable）
- DiW：次の言葉（単語）への繋ぎをしようとするもの（［独］Distinktion mit Weiterführung auf der gleichen Silbe /［英］distinction with continue to same syllable）
- N：開始点（［独］Neubeginn /［英］new begin）
- K：終止部（［独］Kadenz /［英］cadence）

(2) 音声学的融化現象[1]

テキストの流れを考える上で、もう一つ考慮すべきなのはラテン語の融化現象である。ラテン語における音声学上の融化と聖歌の関係性は、1850年代から考察されてきた。現在の融化理解の原点は、1929年に出版されたフライシュテット（H. Freistedt, 1903-1986）による『グレゴリオ聖歌の融化音符 *Die liqueszierenden Noten des gregorianischen Chorals*』（Freistedt 1929）にある。

原則

テキストを朗読する際に起きる融化現象は、次の箇所で想定される（Agustoni and Göschl 1992, II: 488, 詳細は第3章を参照）。

表14　音声学的融化条件

	融化の条件	融化される子音や母音
A	2つあるいは3つの子音が隣接する	(1) 第1番目に置かれた流音「l, m, n, r」
		(2) 第1番目に置かれた歯音による破裂音「d, t」
		(3) 第1番目に置かれた歯擦音「s」
		(4) gn
		(5) 第1番目に置かれた子音が「b, d, m, n, r, s, t, l」で第2番目に置かれた子音が「j」の場合
B	2つの母音に1つの子音が挟まれる	m, g, j (i)
C	二重母音	au, ei, eu

(3) ネウマとの関係

この領域に関しては、ある音型が特定の言葉と結びついているのではないか、同じ音型でも言葉によって付けられているネウマが異なるのではないか、融化とテキストの関係はどのようなものなのか、という課題を中心に考察が進められてきた。ネウマと言葉の関係は、アーティキュレーションの問題を考える上でも、避けて通ることのできない課題である。

「言葉と音の関係 Wort-Ton-Beziehung」を重要視する姿勢は、ゲシュルも

指摘しているように、カルディーヌの『グレゴリオ聖歌の歌唱法』（Cardine 1970a = 2002）にすでにその端緒が見られる（Göschl 1985, 91）。そして彼の弟子たちによって、この領域の研究が進められることになった。代表的な例は、ヨッピヒが1977年に発表した「音楽的な区分を表すネウマとしての特殊なトルクルス *Der Torculus specialis als musikalische Interpunktionsneume*」（Joppich 1977）と「言葉の最終音節に置かれたビヴィルガ *Die Bivirga auf der Endsilbe des Wortes*」（Joppich 1977）である。

　ヨッピヒが最初に注目したのは、トルクルスと言葉の関係である。彼は、トルクルスがアクセント音節ではないところに付されている場合、その処理は明らかに意図的であると考えた。そして、非アクセント音節に付されたトルクルスがテキストの意味内容や区分を示す可能性について考察した。さらに彼は、言葉の非アクセント音節に置かれたビヴィルガ（本書68頁）についても、トルクルスの場合と類似した役割が見られると指摘している。

2　ネウマ

(1) ネウマとそのテンポ感

　図22に示したように、ネウマは「単音ネウマ Einzeltonneume」と「グループネウマ Gruppenneume」からなり、後者はさらに2つのネウマ（単グループネウマ Einzelgruppenneume と複グループネウマ Mehrgruppenneume）に分けられる。単グループネウマは、例えば一音節上に見られる音楽的に分離不可能なネウマであり、その書かれた筆運びのテンポ感――「流れるように」を意味するクレント kurrent[2] を基準とする――から、3種類――クレント kurrent（流れるように）、ニヒトクレント nicht kurrent（流れないように）、パルティエルクレント partiell kurrent（部分的に流れるように）――に分類可能である（Agustoni and Göschl 1987, I: 82-95）。

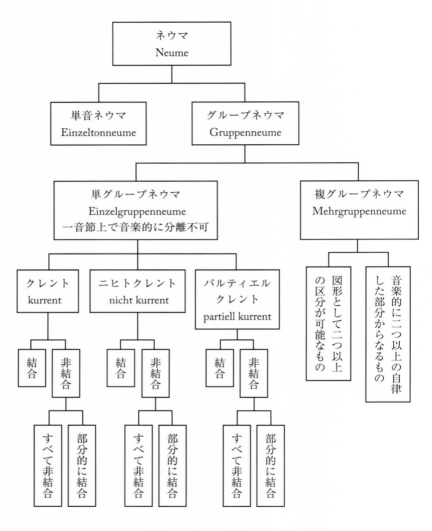

図22　ネウマの分類

ネウマの筆運びのテンポ感に関する3種類は、ネウマを書く際の羽ペンのスピード具合に起因していると言われ、そこには作曲者の頭の中に鳴り響いたサウンドの状態も反映されている。したがって、現在ではこのテンポ感が、ネウマの音楽的なテンポ感と考えられ、アーティキュレーションを考える上での重要な指標になっている。次頁以下の表はアグストーニとゲシュルによるネウマ表を再整理したものである（Agustoni and Göschl 1987, I: 85-90）[3]。表においては、kがクレント、nkがニヒトクレント、pkがパルティエルクレントなものを指している。

単音ネウマ[4)]

単音ネウマは基本的にクレントであるが、細かいニュアンスは異なる。

表15　単音ネウマ

指示している動き	名称		ザンクト・ガレン系ネウマ（SG）	メス系ネウマ（L）
			k	
前後において相対的に高い音	ヴィルガ	Virga		
前後において相対的に低い音	トラクトゥルス	Tractulus		
前後において相対的に高い音	ウンチヌス	Uncinus	—	
軽い音	プンクトゥム	Punctum	●	•
軽い音	ストローファ	Stropha	❞	•
誘導音	オリスクス	Oriscus		
経過音	クィリスマ	Quilisma		

単グループネウマ —— 反唱

表16　単グループネウマ —— 反唱

指示している動き	名称		ザンクト・ガレン系ネウマ（SG）		メス系ネウマ（L）	
			k	nk	k	nk
同度2音	ディストローファ	Distropha	❞❞	—		—
同度3音	トリストローファ	Tristropha	❞❞❞	—		—
同度2音	ビヴィルガ	Bivirga	—		—	

同度3音	トリヴィルガ	Trivirga	—	///	—	⌇⌇⌇

単グループネウマ・複グループネウマ

表17　単グループネウマ・複グループネウマ

指示している主な動き	名称		ザンクト・ガレン系ネウマ（SG）			メス系ネウマ（L）		
			k	nk	pk	k	nk	pk
低高2音	ペス	Pes	✓	✓	✓	∫	⌇	∫
低高2音　第2音への方向性を持つ	ペス・クワッスス	Pes quassus	—	✓	—	—	—	—
低高2音　第1音：経過的	クィリスマ・ペス	Quilisma-pes			⌁			✓
低高2音 or 同度2音	ヴィルガ・ストラータ	Virga strata	⌐	⌐	⌐	⌐	⌐	—
高低2音	クリヴィス	Clivis	∩	∩	∩	⌐	⌐	⌐
高低2音	オリスクス・クリヴィス	Oriscus-Clivis	—	—	—	⌐	⌐	
同度2音＋低音	トリゴン	Trigon	∴		∴	⁖		
同度2音＋低音	プレッスス	Pressus	⌐	⌐	⌐	⌐	⌐	⌐
低高低3音	トルクルス	Torculus	∿	∿	∿	∧	∧	∧
高低高3音	ポレクトゥス	Porrectus	N	—	N	V	V	V
上行3音	スカンディクス	Scandicus	⁙	⟋	⟋	⟋	⟋	⁙

上行3音 第2音：誘導音 第3音：目的音	サリクス	Salicus	—	—		—		
上行3音 第2音：経過音	クィリスマ・スカンディクス	Quilisma-Scandicus						
下行3音	クリマクス	Climacus						
トルクルス＋上行1音	トルクルス・レスピヌス	Torculus resupinus						
クリマクス＋上行ヴィルガ or オリスクス	クリマクス・レスピヌス	Climacus resupinus		—			—	
ポレクトゥス＋下行1音	ポレクトゥス・フレクスス	Porrectus flexus					—	
スカンディクス＋下行1音	スカンディクス・フレクスス	Scandicus flexus						
ペス＋下行2音	ペス・スブビプンクティス／トルクルス・スブプンクティス	Pes subbipunctis / Torculus subpunctis						
スカンディクス＋下行2音	スカンディクス・スブビプンクティス	Scandicus subbipunctis						

指示文字[5] など

写本には、ネウマに加えて、文字によって様々なニュアンスを示そうとした痕跡が見られる。その文字が示す内容は多岐にわたる（Agustoni and Göschl 1987, I: 154-158）。

表18　主な指示文字などの一覧

ザンクト・ガレン系（SG）	メス系（L）	名称	意味
	—	アルツィウス altius	やや高い
		レヴァーレ levare	高く
		スルスム sursum	上方へ、高いところへ
	—	インフェリウス /ユーズム inferius or iusum	さらに下方に、下方へ
	—	デプリマトゥル deprimatur	低下させる
		エクアリテル equaliter	同度、半音
		チェレリテル celeriter	速く
		テネーレ tenere	保って
ネウマ上に付加された短い線	—	エピゼマ episema	保って
	—	スタティム statim	直ちに、繋げて
	—	エクスペクターレ expectare	待って
		メディオクリテル mediocriter	中庸に、ほんの僅か
	—	ヴァルデ valde	非常に

ｔ	—	ベーネ bene	良い、該当する音や パッセージについて、 感情をこめて歌う
ρ	—	パルヴム parvum	少し
—	ｆ	ファスティジウム fastigium	(旋律の)頂点
—	ｈ	ウミリテル humiliter	低く
—	ａ	アウジェーテ augete	引き伸ばして
—	ｎ	ノン non	～なしに

(2) ネウマの示す3つのアーティキュレーション

　ネウマの示すアーティキュレーションに関しては、特に半音節的・半旋律的聖歌とメリスマ的聖歌において[6]、少なくとも次の3つの機能が存在すると考えられている（Göschl 1985, 77-91）。

(a) 開始部におけるアーティキュレーション Anfangsartikulation

(b) 中間部におけるアーティキュレーション Binnenartikulation

(c) 終結部におけるアーティキュレーション Endartikulation

　表19からも明らかなように、これらは、テキストのリズム・アーティキュレーションにおける概念を前提にしたものになっている。これら3つの機能は、各要素（テキストの中、グループネウマの中、いくつかのネウマが複数組み合わされている部分、一つの旋律的なまとまりの中、そして一曲の中）に存在し、複雑に絡み合っている。そのため、分析の過程では、複数の可能性が見出され、その判断は、最終的に解釈者の判断に委ねられる。その際に重要なのは、旋律のすべての音について、漏れなく、どのような機能を持ち得るのかを分析し、雰囲気や感覚によってのみ、アーティキュレーションの判断

をしないことである。ネウマは様々な方法によって、わたしたちに詳細なアーティキュレーションを示しており、それを踏まえることが、セミオロジーにおけるリズム解釈そのものなのである。以下では、3つの機能について、その代表的な例を示す。

表19　リズム・アーティキュレーションとネウマのアーティキュレーションの関係

名称 (本書63頁)	リズム・アーティキュレーション		ネウマの示すアーティキュレーションの機能		
N = Neubeginn	意味のまとまりにおける、冒頭の単語のアクセント音節	まとまりの動きを始める原動力となる点	Anfangsartikulation (開始部)	音楽的なまとまりやグルーピングされたネウマの開始音	nk なネウマ: 開始部の強調 k なネウマ: 後続音や後続箇所の動きに影響を与える動き
Dr = Drehpunkt	アクセント音節	言葉の動きの支点			nk なネウマ: 音の動きの支点／後続の Di までのエネルギーを放出する点／緊張点
Di = Distinktion	語尾音節	言葉の動きの区切点／同一単語内の Dr の弛緩点 以下の2つに分類可	Binnenartikulation (中間部)	一音節上に展開される複数のネウマ（メリスマを含む）上	nk あるいは k なネウマ: 音の動きの区切点／音楽的な動きの区切りとなる点／直前の Dr の弛緩点
DiN	コンマ直前の語尾音節など	文章の意味内容的なまとまりにおいて、区切りとなり、次の言葉（文章)を新しく始めようと促す支点			次の音との区切りを付け、次の新しい動きを誘発する支点
DiW	DiN 以外の語尾音節	次の言葉のDrへの繋ぎとなる支点			DiN 以外の点

Kadenz	最終単語の語尾音節	単語だけでなく、文章の終止部を表し、動きを停止させる点	Endartikulation（終結部）	語尾音節の音／音節経過部の末尾音／音楽的なまとまりの最後に置かれた音	nk なネウマ： a. 区分線の直前：音楽的な終止を示す b. a 以外：拡張されたアーティキュレーション（extensive Artikulation）とも呼ばれ、次の動きの支点となる
					k なネウマ[7]： a. 区分線の直前：音楽的な終止を示す b. a 以外：次の音との区切点

（a）開始部におけるアーティキュレーション

① nk なネウマ

単語の始まりを示すだけでなく、新しいパッセージの開始も示す。指示文字による強調を含む。譜例では、dabit の da に付されたエピゼマ付ヴィルガが、dabit の開始部を強調すると同時に、小区分線後の新しいパッセージの開始を表している。

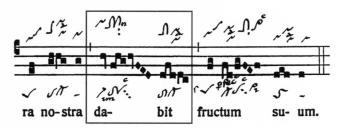

GrN, I: 6, 6

②kなネウマ：アゴーギクとしての強調

① よりも強調の意味合いは弱いが、アゴーギクとしての広がり agogische Verbreitung を持つ。クィリスマも同様の機能を備えている。譜例の場合、moriar の mo に見られるヴィルガがそれに該当する。mo はアクセント音節であるが、クレントなネウマが置かれており、① のような強調の度合いではない。しかし、mo のヴィルガと ri のチェレリテル付クリマクスが意図的に分けられており、作曲者が mo のヴィルガにも意識を向けるように促している。その背景には、moriar の意味（死ぬ）があると思われる。

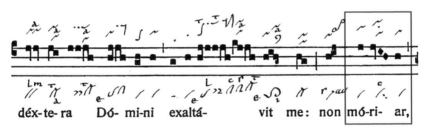

GrN, I: 163, 1

③kなネウマ：次の中間部や終結部アーティキュレーションへの準備

　譜例の場合、Exaltabo の開始部 Ex には、アクセント音節にもかかわらず、ネウマによる強調は見られない。残りの音節のネウマにも特段の強調はされていない。その意味で、Ex の開始部における非強調は、Domine の語尾音節 ne の強調（テネーレ付の2つのクリヴィス）、すなわち終結部アーティキュレーションを準備していると考えられる。

GrN, I: 58, 5

④kなネウマ：反唱におけるアゴーギク的な増幅「アンプリフィカツィオン
　　Amplifikation」

　主に反唱における冒頭音に見られる。その効果は、反唱が空間にもたらす独特な軽いサウンドを、より明瞭にする。それは「アゴーギクとしての強調」と類似した目的を持つと考えられる。

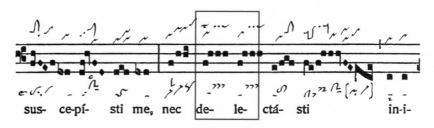

GrN, I: 58, 6

（b）中間部におけるアーティキュレーション

【動きの支点】

① nk なネウマ：緊張をもたらす

エピゼマで強調されたネウマを持つサリクスによって、動きの支点が形成されている。それは次のトリゴンのクレントな動きへと流れを転回させる働きを持っている。

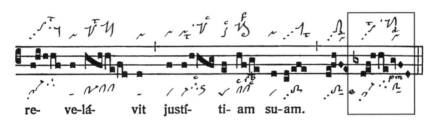

re- ve-lá- vit justí- ti- am su-am.

GrN, I: 29, 6

② nk なネウマ：弛緩をもたらす

トルクルス・スブビプンクティスの3音目に付けられたエピゼマが、続くプンクトゥムの弛緩をもたらす動きの転回点となる。

GrN, I: 90, 5

③nk なネウマ：経過的な役割

　エピゼマ付ストローファが動きの支点となるものの、その効果は限定的であり、経過的である。なぜなら、ストローファは本質的に軽い動きを示しているからであり、たとえエピゼマが付されていても、ヴィルガのエピゼマとは意味が異なる。

GrN, I: 12, 3

【動きの区切点】

nk なネウマ

　矢印で示した箇所で、区切りとしてのアーティキュレーションを想定することが可能である。いずれもニヒトクレントなネウマで書かれており、区切りを強調すると同時に、次のクレントな開始の動きへの転回点にもなっている。その意味で、中間部におけるアーティキュレーションは、動きの支点と区切りとしての2つの意味を兼ね備えているとも考えられる。

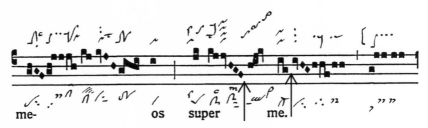

GrN, I: 264, 5

（c）終結部におけるアーティキュレーション

① nk なネウマ：単語内の音節経過部

hodie の ho に付けられたサリクスのエピゼマ付ヴィルガが、次の音節への動きの準備となる。

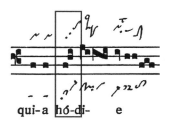

GrN, I: 30, 4

② nk なネウマ：単語の最終音節

別の単語が後続する場合、次の単語への動きの転回点となる。irreprehensibilis の最終音節 lis 上のニヒトクレントなペスが、est のニヒトクレントなトルクルスへの動きへの転回点となる。

GrN, I: 380, 1

③ nk なネウマ：コンマやピリオドが後続する場合

　区切りとしてのアーティキュレーションが見られる。Israel の最終音節 el
には、その最後にニヒトクレントなエピゼマ付クリヴィスがある。その直
後にはコンマが存在し、そのクリヴィスによって区切りが付けられ、custodi
の cu におけるクレントなトラクトゥルスによる新しい始まりを導いている。

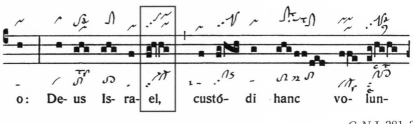

GrN, I: 381, 3

④ nk なネウマ：終止部に相当する部分

　終止部に相当する箇所においては、多くの場合、区切りとしてのアーティ
キュレーションが見られる。tuis の最終音節 is におけるエピゼマ付クリヴィ
スは、中間終止部における区切りのアーティキュレーションを示している。

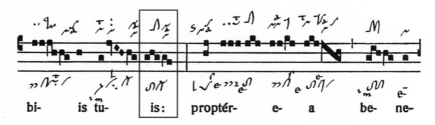

GrN, I: 390, 6

またsalutemの最終音節における最後の2音のエピゼマ付クリヴィスは、最終終止部における区切りのアーティキュレーションを表している。

GrN, I: 152, 4

⑤kなネウマ：メリスマの語末

veのメリスマの最後に置かれた、クレントなクリヴィスは、次のnitとの区切りを示している。

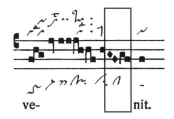

GrN, I: 13, 3

⑥ k なネウマ：終止部に相当する部分

lo（culo）のメリスマの最後に、クレントなプレッスス が置かれている。こ
れは、複縦線の直前であり、最終終止部における区切りを表している。

GrN, I: 48, 4

ネウマの分離

　アーティキュレーションを考えるに当たり、もう一点考慮すべきは、ネウマの分離である。ネウマの分離は、旋律の切れ目、すなわち音のグルーピングを、ネウマと音の関係性から考える発想を出発点としている。この原則は、一音節上において複数のグループネウマが見られる旋律、メリスマにおけるアーティキュレーションを検討する際に適用することが可能である（Cardine 1970b, 48-55 = 1979, 80-93）。

【低音部分離】

パターンは3種類。○の直後で分離される。

GrN, I: 286, 7

【高音部分離】

パターンは3種類。○の直後で分離される（譜例はＣのみ）。

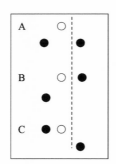

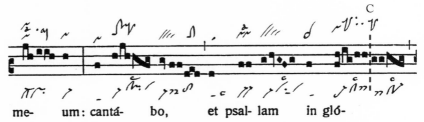

GrN, I: 333, 6

【旋律上昇部分離】

○の直後で分離される。

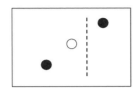

me- a auxi- li- á- bi- tur e- i et brá-

GrN, I: 122, 3

【旋律下行部分離】

○の直後で分離される。

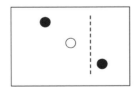

- MNIS ter-ra ad-ó- ret te, De- us, et psal-

GrN, I: 224, 1

(3) 融化ネウマ

　テキストの融化現象を表した主な融化ネウマは次のとおりである。この融化は本書のメインテーマであり、詳細は次章で述べる。

表20　融化ネウマ一覧

ネウマ	融化ネウマ		ザンクト・ガレン系ネウマ		メス系ネウマ	
	名称	基本形	拡大	縮小	拡大	縮小
	ケファリクス Cephalicus			—		
	エピフォヌス Epiphonus					
	エピフォヌス			—		—
	アンクス Ancus					
	ケファリクス					
	—					—
	アンクス					
	—					
						—

♪	—	♪	♪	♪	♪
,,,		,,,	—		
♪		♪	♪	—	
♪		♪	—		

2　音組織に起因するアーティキュレーション

　聖歌におけるサウンドのアーティキュレーションを検討する際には、テキストやネウマに起因するものに加え、音組織である旋法の構成音に起因するものも参考にする必要がある。なぜなら、旋法上に配置された音には、各々相対的な役割 —— 音の方向性 —— が存在し、テキストやネウマのアーティキュレーションと密接に結びついているからである。以下では、旋法構造とその構成音の特徴について整理する。

(1) 旋法構造
　第1章において述べたように、聖歌には、一定の音組織、すなわち旋法理論が存在する。写本に見られる旋法名によると、聖歌の作曲においては、8音からなる音階 Oktoechos が用いられた。そこには4つのタイプ ——「プロトゥス Protus」、「デウテルス Deuterus」、「トリトゥス Tritus」、「テトラルドゥス Tetrardus」—— が存在し、それぞれ「音域 Ambitus」によって2つ ——「正格 authenticus」、「変格 plagalis」に分けられる。各旋法とも、基音となる Re（レ）、Mi（ミ）、Fa（ファ）、Sol（ソ）[8] を2番目とするテトラコルドを基本としている。

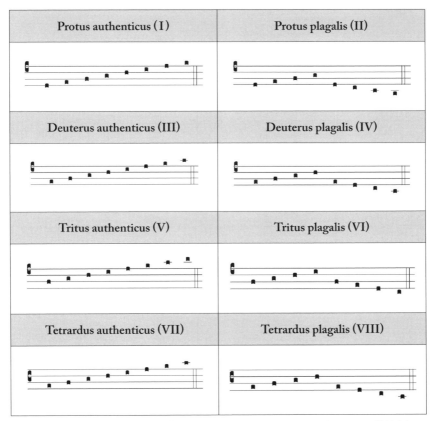

譜例13　旋法の種類と音組織（カッコ内のローマ数字は数字表記による施法名）

詩編唱[9)]

　この8つの旋法を考える上で重要なのが、詩編唱である。詩編唱の旋法的特徴と、聖歌本体に見られる旋法的特徴は、密接に結びついている。したがって、旋法全体を考える上で、両者を常に踏まえることが求められる。

　詩編唱には、ミサ固有唱において唱えられるものと、聖務日課において唱えられるものがある。譜例14は、聖務日課のアンティフォナ[10)]における詩編唱定型[11)]モデルである。

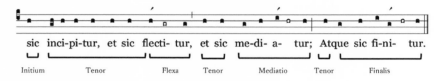

**譜例14　聖務日課のアンティフォナにおける Deuterus plagalis (IV)
の詩編唱定型モデル**

表21　詩編唱の構成部位

Initium, Inchoatio	導入部、発唱部	聖歌本体の終止音と朗唱音を結ぶ。
Tenor	朗唱部	詩編の大半が、旋法の朗唱音上で朗唱される。
Flexa	フレクサ	詩編の前半部における中間終止部、朗唱音の2度下の音で朗唱される。＋や†で示されることが多い。
Mediatio	中間終止部	2行詩の詩編における中間に置かれた部分、1行詩では省略される。
Finalis, Terminatio	終止部	最後の音節から5音節目に当たる音節から始まり、該当する旋法の終止音で終わる。

ミサ固有唱の詩編唱

　譜例15は、ミサ固有唱（主にアンティフォナ：入祭唱と拝領唱）の詩編唱定型（*GrN*, II: 410-412）である。なお、ミサ固有唱の詩編唱に関しては、すでにその全貌が明らかにされており、実践にも使用可能である（Hermes 2000/2010; Stingl jun 2017b）。

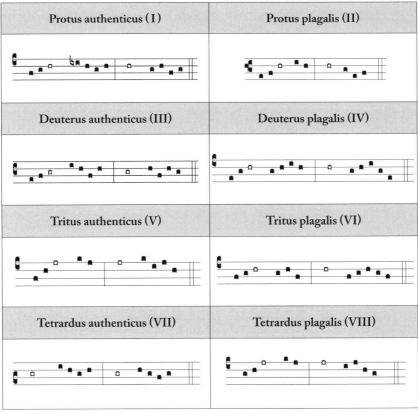

譜例15　ミサ固有唱の詩編唱定型

聖務日課のアンティフォナにおける詩編唱

1981年に出版された『聖務日課における詩編唱 *Psalterium Monasticum*』には、聖務日課のアンティフォナにおける詩編唱として、次頁以下に挙げる14の定型が示されている。そこでは、8つの旋法に基づくものに加えて、下記の6つのバージョンが付加されている。

- Tonus II*：Protus plagalis (II) でありながら、詩編唱の中に「プロトゥス（Re）への5度」すなわち la ↓ Re が見られるもの。
- Tonus IV*：Deuterus plagalis (IV) でありながら、詩編唱の中に「デウテルス（Mi）への3度」すなわち sol ↓ Mi が見られるもの。
- Tonus C：DO の音を中心とした動きが見られるもの、原旋法（本書100 -101頁）に由来。
- Tonus D：RE の音を中心とした動きが見られるもの、原旋法に由来。
- Tonus E：MI の音を中心とした動きが見られるもの、原旋法に由来。
- Tonus Peregrinus：巡礼調。
  ※ Tonus は旋法の意。

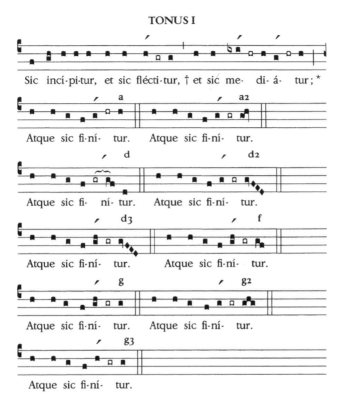

TONUS I

Sic incí‧pi‧tur, et sic flécti‧tur, † et sic me‧ di‧ á‧ tur; *

Atque sic fi‧ní‧ tur.   Atque sic fi‧ní‧ tur.

Atque sic fi‧ ní‧ tur.   Atque sic fi‧ní‧ tur.

Atque sic fi‧ní‧ tur.   Atque sic fi‧ní‧ tur.

Atque sic fi‧ní‧ tur.   Atque sic fi‧ní‧ tur.

Atque sic fi‧ní‧ tur.

譜例16−①　聖務日課のアンティフォナにおける詩編唱定型
　　　　　　（*AR* 2009, II: 738-744）── Protus authenticus（I）

TONUS II

Sic incí·pi·tur, et sic flécti·tur, † et sic me·di· á· tur ; *

Atque sic fi· ní·tur.

譜例16−②　聖務日課のアンティフォナにおける詩編唱定型
　　　　　—— Protus plagalis（Ⅱ）

TONUS II*

Sic incí·pi·tur, et sic flécti·tur, † et sic me·di· á· tur ; *

Atque sic fi·ní· tur.　　Atque sic fi·ní· tur.

Atque sic fi·ní· tur.

譜例16−③　聖務日課のアンティフォナにおける詩編唱定型
　　　　　—— Protus plagalis の変形（Ⅱ*）

TONUS III

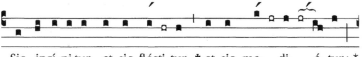

Sic incí-pi-tur, et sic flécti-tur, † et sic me- di- á- tur; *

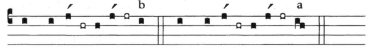

Atque sic fi-ní- tur.   Atque sic fi-ní- tur.

Atque sic fi-ní- tur.   Atque sic fi-ní- tur.

譜例16-④　聖務日課のアンティフォナにおける詩編唱定型
—— Deuterus authenticus（Ⅲ）

TONUS IV

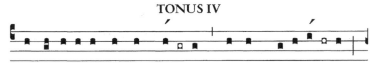

Sic incí·pi-tur, et sic flécti-tur, † et sic me-di- á- tur; *

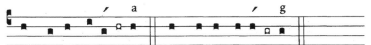

Atque sic fi-ní- tur.   Atque sic fi-ní- tur.

Atque sic fi- ní- tur.

譜例16-⑤　聖務日課のアンティフォナにおける詩編唱定型
—— Deuterus plagalis（Ⅳ）

TONUS IV*

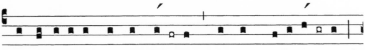

Sic incí-pi-tur, et sic flécti-tur, † et sic me-di-á- tur; *

Atque sic fi-ní- tur.

譜例16-⑥　聖務日課のアンティフォナにおける詩編唱定型
―― Deuterus plagalis の変形 (Ⅳ*)

TONUS V

Sic incí-pi-tur, et sic flécti-tur, † et sic me-di-á- tur; *

譜例16-⑦　聖務日課のアンティフォナにおける詩編唱定型
―― Tritus authenticus (Ⅴ)

TONUS VI

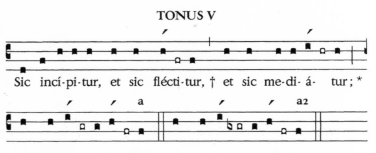

Sic incí-pi-tur, et sic flécti-tur, † et sic me-di-á- tur; *

Atque sic fi-ní- tur.

譜例16-⑧　聖務日課のアンティフォナにおける詩編唱定型
―― Tritus plagalis (Ⅵ)

TONUS VII

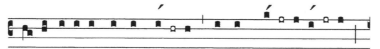

Sic incí-pi-tur, et sic flécti-tur, † et sic me- di- á- tur; *

Atque sic fi-ní- tur.   Atque sic fi-ní- tur.

Atque sic fi-ní- tur.   Atque sic fi-ní- tur.

　　譜例16-⑨　聖務日課のアンティフォナにおける詩編唱定型
　　　　―― Tetrardus authenticus（Ⅶ）

TONUS VIII

Sic incí-pi-tur, et sic flécti-tur, † et sic me-di- á- tur; *

Atque sic fi-ní- tur.   Atque sic fi-ní- tur.

Atque sic fi-ní-　tur.

　　譜例16-⑩　聖務日課のアンティフォナにおける詩編唱定型
　　　　―― Tetrardus plagalis（Ⅷ）

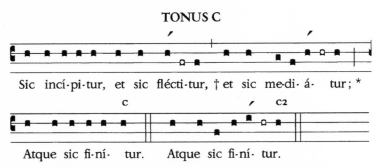

譜例16-⑪　聖務日課のアンティフォナにおける詩編唱定型
　　　　── 原旋法 DO

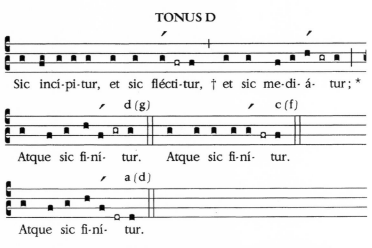

譜例16-⑫　聖務日課のアンティフォナにおける詩編唱定型
　　　　── 原旋法 RE

TONUS E

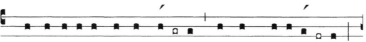

Sic incí‧pi‧tur, et sic flécti‧tur, † et sic me‧di‧ á‧ tur ; *

Atque sic fi‧ ní‧ tur.

譜例16−⑬　聖務日課のアンティフォナにおける詩編唱定型
　　　　　── 原旋法 MI

TONUS «PEREGRINUS»

Sic incí‧pi‧tur, et sic flécti‧tur, † et sic me‧di‧ á‧ tur ; *

Atque sic fi‧ní‧ tur.

譜例16−⑭　聖務日課のアンティフォナにおける詩編唱定型
　　　　　── Tonus Peregrinus

原旋法[12)

　聖務日課のアンティフォナにおける詩編唱定型として挙げた Tonus C、
Tonus D、Tonus E は、クレール（J. Claire, 1920-2006）に遡る「原旋法」に由
来している（Claire 1962）。この原旋法理論は、聖歌創作の初期に生まれたと
考えられる比較的単純な音節的聖歌について、その音構造を分析した結果と
して提唱された。それによると、単純な音節的聖歌では、3つの音（DO, RE,
MI）のいずれかが旋律の中心的な役割を果たしている。

　3つの原旋法が存在したという仮説は、8つの旋法の起源を考えるヒント
にもなる。しかし、原旋法理論は、単純な音節的聖歌や詩編唱を分析するた
めには有効であるが、ミサ固有唱における分析に用いることは、原則的に行
われない。なぜなら、ミサ固有唱の大部分は、その写本にも8音からなる旋
法の名称が明記されており、それらに基づいていることが明白だからである
（Saulnier 1997, 33）。

①原旋法 DO

特徴的音程	DO ↓ si ↓ la, fa ↓ mi ↓ re, si♭ ↓ la ↓ sol
	DO ↓ la, fa ↓ re, si♭ ↓ sol
	DO ↑ re ↑ mi, fa ↑ sol ↑ la, si♭ ↑ do ↑ re
音階	sol ↑ la ↑ DO ↑ re ↑ mi ↑ (fa)

u es De- us, qui fa- cis mi- ra- bi- li- a. (*PsM*, 177)

②原旋法 RE

特徴的音程	RE ↓ do ↓ si, sol ↓ fa ↓ mi,
	RE ↓ do ↓ la, sol ↓ fa ↓ re
	RE ↑ mi ↑ fa, sol ↑ la ↑ si♭
音階	la ↑ do ↑ RE ↑ mi ↑ (fa)

onum est confi-te-ri Domino De-o nostro. (*GS*, 106)

③原旋法 MI

特徴的音程	MI ↓ re ↓ do, la ↓ sol ↓ fa, si ↓ la ↓ sol
	MI ↑ fa ↑ sol, la ↑ si♭ ↑ do, si ↑ do ↑ re
音階	do ↑ re ↑ MI ↑ (fa) ↑ sol

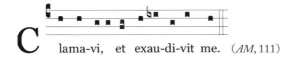

lama-vi, et exau-di-vit me. (*AM*, 111)

(2) 旋法構成音の役割

　以下は、アグストーニとゲシュルの表を基に、8つの旋法における構成音
の役割を整理したものである（Agustoni and Göschl 1987, I: 50-53）[13]。これらの
結果は、現存する聖歌を分析した結果から導き出された仮説であるが、そこ
からは、各構成音に明確な役割が設定されていたことが窺える。そしてそれ
は、音自体が持つアーティキュレーションそのものであるといっても過言で
はない。

プロトゥス（I, II）

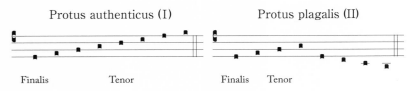

Protus authenticus (I)　　　　　　　Protus plagalis (II)

Finalis　　　　Tenor　　　　　　Finalis　　Tenor

表22-①　旋法構成音の特徴 —— プロトゥス

主要構成音 Hauptstrukturstufen		第Ⅰ旋法	第Ⅱ旋法
主要構成音 Hauptstrukturstufen	終止音 Finalis	Re	
主要構成音 Hauptstrukturstufen	朗唱音 Tenor	la	fa
副次的構成音 sekundäre Strukturstufen	副次的朗唱音 sekundäre Rezitationsstufen	sol	sol, Re
基本テトラコルド		do ↑ Re ↑ mi ↑ fa （全音 – 全音 – 半音）	
移高の可能性		Re ↑ mi ↑ fa → la ↑ si ↑ do or sol ↑ la ↑ si♭	
特徴的音型 （終止音、副次的朗唱音、朗唱音の組合せ）		la ↓ (sol) ↓ Re 冒頭定型「Re ↑ la ↑ si ↓ la」は5度に 装飾が付いたもの	fa ↓ Re sol ↓ fa ↓ Re

re	音域上の最高音、テキストや音楽の強調、do の装飾音、プロトゥスが5度高く移高される場合（基音を la とする）の朗唱音
do	導音的な音
si	それほど強調されない音、クィリスマの箇所で見られる音、la から do へ流れる様に経過する音 si♮：do や la に関係していることが多く、冒頭定型「Re ↑ la ↑ si ↓ la」に見られる。 si♭：la ↑ si♭ ↓ la の他に、si♭ ↓ sol や si♭ ↓ fa の例も見られる。原旋法 MI の半音（mi-fa）に起源がある。
la	第Ⅰ旋法の特徴的な5度音程（Re-la）を作る音、第Ⅰ旋法の朗唱音、第Ⅰ旋法の詩編唱の主要構成音
sol	第Ⅰ旋法と第Ⅱ旋法の聖歌やメリスマ的な詩編唱の副次的構成音 第Ⅱ* 旋法の聖歌や詩編唱の主要構成音：特に la への上行、fa への下行における経過音的な役割がある。
fa	第Ⅱ旋法の朗唱音、第Ⅱ旋法の詩編唱の主要構成音、導音的な音
mi	それほど強調されない音、クィリスマの箇所で見られる音、Re から fa へ流れる様に経過する音、小終止部に用いられる。
Re	終止音、第Ⅱ旋法の聖歌やメリスマ的な詩編唱の構成音
do	中間終止部に見られる下主音
si	la から do の間に置かれる経過音、カンビアータ[14] の場合もある。 (do ↓ si ↑ do ↑ Re)
la	音域上の最低音、第Ⅱ旋法において Re と旋法的な緊張関係にある。 (Re ↓ do ↓ la, la ↑ do ↑ Re)

デウテルス（III, IV）

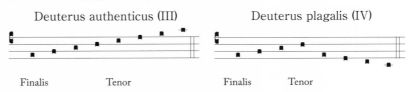

Deuterus authenticus (III)	Deuterus plagalis (IV)
Finalis　　　　Tenor	Finalis　　　　Tenor

表22-②　旋法構成音の特徴 —— デウテルス

		第Ⅲ旋法	第Ⅳ旋法
主要構成音	終止音	Mi	
	朗唱音	si	la
副次的構成音	副次的朗唱音	la	sol, Mi
基本テトラコルド		re ↑ Mi ↑ fa ↑ sol（全音－半音－全音）	
移高の可能性		Mi ↑ fa ↑ sol → la ↑ si♭ ↑ do or si ↑ do ↑ re	
特徴的音型		si ↓ (la) ↓ Mi, sol ↑ si, sol ↑ si ↑ do	la ↓ (sol) ↓ Mi 詩編唱の発唱部（mi ↑ sol） 最終終止部の音型 (sol ↓ fa ↑ la ↓ sol ↓ fa ↑ sol ↓ fa ↓ Mi → Mi)

mi/re	音域上の最高音、do やそれより低い音の装飾音
do	導音的な音、第Ⅲ旋法の特徴的な si を引き寄せる。
si	第Ⅲ旋法の聖歌や詩編唱の主要構成音 si♮：do あるいは Mi と関係 si♭：fa と関係、si♭が sol や Mi と関係しているかどうかは疑わしい。それは非常に後の習慣である。
la	第Ⅳ旋法の聖歌や詩編唱における主要構成音
sol	第Ⅳ旋法の聖歌や、メリスマ的な詩編唱の構成音 第Ⅳ*旋法の聖歌や詩編唱の主要構成音
fa	導音的な音、特徴的な終止音 Mi を引き寄せる。
Mi	終止音 第Ⅳ旋法の聖歌や、メリスマ的な詩編唱の構成音
re	時折、中間終止部に見られる音
do	音域上の最低音

トリトゥス（V, VI）

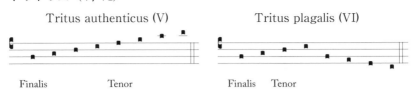

Tritus authenticus (V)   Tritus plagalis (VI)

Finalis   Tenor   Finalis   Tenor

表22-③　旋法構成音の特徴 —— トリトゥス

		第V旋法	第VI旋法
主要構成音	終止音	Fa	
	朗唱音	do	la, fa（＝DO）
副次的構成音	副次的朗唱音	なし	なし
基本テトラコルド		mi ↑ Fa ↑ sol ↑ la（半音－全音－全音）	
移高の可能性		Fa ↑ sol ↑ la → do ↑ re ↑ mi	
特徴的音型		do ↓ Fa 特徴的と言えるほどの音程はあまりない。第III旋法のように、この風変わりな旋法には、冒頭定型の5度のようなものはない。	la ↓ Fa 原旋法 DO と類似している。

mi/fa	mi：音域上の最高音、fa：導音的な音
re	経過音
do	第V旋法の聖歌や詩編唱の主要構成音、導音的な音
si♮ / si♭	si♮：do と関係 si♭：la ないし、それよりも低い音と関係 　朗唱音に si♭ が見られる場合は、fa に移高した結果である。 　（例：do ↑ Fa ＝ Fa ↑ si♭）
la	第VI旋法の朗唱音 Fa の旋法的優位性（原旋法 DO を指し示す）が指し示されている時に、la にも重きが置かれている場合がある。
sol	経過音、Fa と対照的な音
Fa	終止音 第VI旋法の聖歌や、メリスマ的な詩編唱の主要構成音

mi	トリトゥスとテトラルドゥスを区別するために重要な音、最後の Fa の直前には置かれない。
re	Fa の周囲を旋回する音、終止部の do への準備音
do	中間終止部の音、音域上の最低音

テトラルドゥス（VII, VIII）

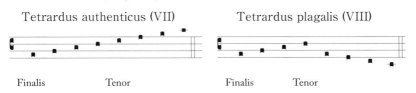

Tetrardus authenticus (VII)   Tetrardus plagalis (VIII)

Finalis   Tenor   Finalis   Tenor

表22-④　旋法構成音の特徴 —— テトラルドゥス

		第VII旋法	第VIII旋法
主要構成音	終止音	Sol	
	朗唱音	re	do
副次的構成音	副次的朗唱音	do	Sol, si
基本テトラコルド		fa ↑ Sol ↑ la ↑ si（全音－全音－全音）	
移高の可能性		Sol ↑ la ↑ si → do ↑ re ↑ mi	
特徴的音型		re ↓ Sol 冒頭の5度（Sol ↑ re） 装飾的な音を含む5度 （Sol ↑ do ↑ re）	do ↓ (si) ↓ Sol Sol ↑ re, Sol ↑ do

sol	音域上の最高音
fa	導音的な音
mi	re と対照的な音
re	第VII旋法の聖歌や詩編唱の主要構成音
do	第VIII旋法の聖歌や詩編唱の主要構成音、第VII旋法の副次的な音
si	si♮：第VIII旋法の聖歌や、メリスマ的な詩編唱の副次的構成音、小区分において見られる音（do ↓ si） si♭：聖歌のチェントニゼーション[15]によって引き起こされたものでない場合、疑問視される。
la	do の副次的な音、あるいは Sol の対照的な音
Sol	終止音、第VIII旋法の聖歌やメリスマ的な詩編唱の構成音
fa	導音的な音、中間終止部に見られ、次に新しく do に向かおうとする音
mi	経過音、装飾的な音、クィリスマの音として見られることが多い。 mi は fa を避け、Sol ↓ mi ↓ re や re ↑ mi ↑ Sol の動きを見せる。これは原旋法 DO が移高されたことを示している。

| re | 音域上の最低音、中間終止部の音 |
| (do) | 稀に、音域上の最低音を拡大させる。 |

第3章

融化ネウマとテキスト解釈

　本章では、セミオロジーのリズム解釈について、融化ネウマとテキストの関係性に注目し、検討を試みる。既存の研究では、融化ネウマには相対的に2つの長さ——拡大融化ネウマと縮小融化ネウマ[1]——があり、その置かれた位置によって、様々な役割が設定されていたのではないかと言われている。

　しかし、作曲のいずれの過程で、融化ネウマが想定され、そのアーティキュレーションがどのような意味を持ち得たのかという問いは残されたままである。そこで著者は、融化ネウマが作曲者のテキスト解釈の結果として、作曲の構想段階で挿入されものではないかという仮説を立て、研究を進めている（佐々木 2018-2020; Sasaki 2019, 2020）。

　以下では、これまでの著者による研究を踏まえ、実例を提示する。そして、融化ネウマが聖歌におけるアーティキュレーションの一部を担い、それが作曲者のテキスト解釈——特にアウグスティヌス（A. Augustinus, 354-430）の著作に影響を受けた解釈——に基づいている可能性を示す。

1　これまでの研究

　融化の研究は、すでに19世紀後半のソレムにおいて、ポティエやモクローによって始められていた。表23は、ゲシュルの『グレゴリオ聖歌の融化に関するセミオロジーの考察 *Semiologische Untersuchung zum Phänomen der gregorianischen Liqueszenz*』（Göschl 1980, 35-79）と、ベッテライ（Dirk van Betteray, 1969- ）の『テキスト解釈の鍵としての融化 *Liqueszenz als Schlüssel zur Textinterpretation*』（Betteray 2007, 4-50）においてまとめられているもの、そしてそれ以降に著された融化研究を整理したものである。

表23　融化に関するこれまでの主な研究

著者	発表年	タイトル	研究の枠組	内容（任意性や目的など）
J. ポティエ [J. Pothier]	1880	1880. *Les mélodies grégoriennes d'après la tradition.* Tournai: Desclée.	パレオグラフィ	融化は、二重母音や音節経過部の子音を軟化させる。その選択は解釈者に任されている。
	1912	1912. "La note liquescente dans le chant grégorien d'après Guy d'Arrezo." *Revue du chant grégorien*, 21: 3-8.		
A. モクロー [A. Mocquereau]	1891	1891. "Nuemes-accents liquescents ou semi-vocaux." In *Paléographie musicale*, vol. 2. Page, 37-86. Solesmes.		融化は、複雑な音節経過部における複雑なアーティキュレーションであり、「半母音 Semivocalis」を生み出す。
H. フライシュテット [H. Freistedt]	1929	1929. *Die liqueszierenden Noten des Gregorianischen Chorals.* Fribourg: St. Paulusdruck.		中世における融化は「半母音」から生じたものであり、それは古代ギリシャ語やラテン語からの伝統を受け継いでいた。融化ネウマの箇所では、半母音あるいは流れるように歌われていた。
L. アグストーニ [L. Agustoni]	1959	1959. "I neumi liquescenti." *Musica sacra*, 83: 34-42.		融化ネウマの長さには、相対的な長さとしての拡大と縮小が存在する。
	1963	1963. *Gregorianischer Choral.* Freiburg: Herder.	セミオロジー	
E. カルディーヌ [E. Cardine]	1968	1968. *Semiologia gregoriana.* Roma: Pontificio istituto di musica sacra.		融化は相対的なものであり、解釈者による取捨選択が可能である。なぜなら、写本における融化ネウマには、厳密な使い方が見られないからである。融化自体は、音節移行部における複雑性によって生じるものであり、その長さには拡大と縮小が存在する。融化の問題は、テキスト、旋律、内的表現の観点から複合的に考察されるべきであり、中世のフックバルトやグイドの記述を過度に信頼すべきではない。
	1970	1970b. *Sémiologie grégorienne.* Solesmes.		

J. B. ゲシュル [J. B. Göschl]	1980	1980. *Semiologische Untersuchungen zum Phänomen der gregorianischen Liqueszenz. Der isolierte dreistufige Epiphonus praepunctis.* Wien: Verband der Wissenschaftlichen Gesellschaften Österreichs.	セミオロジー	エピフォヌス・プレプンクティスは、次のテキストへの指向性を有している。そして、そのテキストの旋律箇所も、音楽的な一つの到達点になっている。このことから、グレゴリオ聖歌の融化は、言葉と音の関係により生じた一つの現象と捉えることが可能である。
L. アグストーニ J. B. ゲシュル	1987, 1992	1987, 1992. *Einführung in die Interpretation des Gregorianischen Chorals.* 3 vols. Regensburg: G. Bosse.		聖歌のラテン語は、ロマンス語系の発音に従うべきである。融化に見られる最も重要な機能は、その表現内容を強調したり、婉曲したりすることにある。考察対象の融化は、次の通り。LとSGにおける融化単音ネウマ、SGとLの融化ペス、クリヴィスの縮小・拡大融化、トルクルスの融化、ポレクトゥスの融化、スカンディクスの融化、サリクスの融化、クィリスマ・スカンディクスの融化、クリマクスの融化、トルクルス・レスピヌスの融化、スカンディクス・フレクススの融化、ペス・スブプンクティスの融化、トリゴンの融化、ヴィルガ・ストラータの融化、拡大融化プレスス、オリスクスの融化、プレススの縮小融化、Lのオリスクス・クリヴィスの縮小融化。
G. ヨッピヒ [G. Joppich]	1991	1991. "Die rhetorische Komponente in der Notation des Codex 121 von Einsiedeln." In *Codex 121 Einsiedeln, Kommentar zum Faksimile.* Edited by Odo Lang. Page, 119-188. Weinheim: VCH Acta Humaniora.		融化の大きな役割はレトリックな作用にあり、そこには2つの機能── アクセント音節における音楽的なエネルギーを強調する、アクセント音節後の音楽的なエネルギーの区切りを表す ──がある。
A. クッリス [A. Kurris]	1992	1992. "Rhetorische Funktion zweier unterschiedlicher Cephalicusgraphien im Codex Roma Angelica 123." *BzG*, 13/14: 89-107.		*Angelica 123*における融化ネウマには、レトリックの役割が存在する。

著者	年	文献		内容
A. ハウク [A. Haug]	1993	1993. "Zur Interpretation der Liqueszenzneumen." *Archiv für Musikwissenschaft*. Jahrgang L-1: 85-99.		融化の現象は「半母音」である。その目的は、基本的に母音以外の音を響かせることにあり、それは規則によってある程度制限されている。
M. ビーリッツ [M. Bielitz]	1998	1998. *Zum Bezeichneten der Neumen, insbesondere der Liqueszenz*. Neckarmünd: Männeles.		融化をレトリックな解釈の結果として捉え過ぎなのではないか。
J. コールホイフル [J. Kohlhäufl]	2003	2003. "Die Liqueszenz als phonetisches Phänomen." *BzG*, 36: 33-45.	セミオロジー	融化の原点は、アルクィンのラテン語改革、つまり日常的な平俗ラテン語からの脱却にあるのではないか。そして、融化は、書き言葉としてのラテン語における平俗ラテン語の排除という課題を担っていたと仮定される。その中での融化は、滑らかな音節移行を意味しているだけではなく、表現やリズムの意味を持っている。なぜなら、語尾音節が複数の子音を含む場合、その最初の子音は他の子音よりもエネルギーを持つことになり、それは結果として、それよりも前に置かれた母音を短縮させることになるからである。
F. ランピ [F. Rampi]	2003	2003. "La liquescenza." *Polifonie*, 3: 65-88.		融化は音節経過部における発音の複雑性である。地域と時代による発音の差があり、写本の地域ごとの特徴を考察することが可能なのではないか。また、セミオロジーにおけるクレントとニヒトクレントなネウマを見ると、その基本形はクレントなネウマにあることから、融化には拡大のみ存在する可能性がある。そして SG の融化はフレーズの区切りを示唆し、L の融化は実際の響きを視覚化したものと考えられる。
D. van. ベッテライ [D. van. Betteray]	2007	2007. *Quomodo cantabimus canticum Domini in terra aliena, Liqueszenz als Schlüssel zur Textinterpretation*. Hildesheim: Olms.		本書 114-115 頁

S. クレックナー [S. Klöckner]	2009	2009. *Handbuch Gregorianik*. Regensburg: Con Brio.		融化の考察により、聖歌創作の過程が明らかになる可能性がある。
G. ヨッピヒ	2013	2013. *Cantate canticum novum*. Münsterschwarzach: Vier-Türme.［BzG, 68 (2019) と 69 (2020) に再収録：63-86, 51-97.］	セミオロジー	*SG390/391*のアクセント音節における融化ネウマには、テキストの意味を強調する役割がある。
A. シュティングル [A. Stingl jun]	2017	2017. *Die Konjunktion "et" als Schlüssel zur Liqueszenz*. St. Ottilien: EOS.		et に見られる融化には、テキストの意味を強調する何らかの意図的な役割があるのではないか。

先行研究の論点

　先に整理した先行研究からも明らかなように、19世紀の聖歌復興以来、融化と融化ネウマの研究は大きなテーマとされてきた。表24は、その主要な論点と現在提唱されている仮説をまとめたものである。

表24　先行研究の論点と課題

主な課題		仮説の内容
音声学	意味	a. 音節移行における発音の軟化 b. 音節移行部のアーティキュレーション
	任意性	a. 任意性があり、話者、解釈者によって取捨選択されていた。 b. 基本的にすべて融化されていた。
	基準とすべき発音	a. ロマンス語の発音 b. ドイツ語の発音
セミオロジー	融化ネウマの意味	a. 拡大と縮小の概念は、音自体の長さが相対的に変化していたことを示す。 b. 具体的な音の長さではなく、「軽くする」あるいは「重くする」というニュアンスがある。
	融化ネウマとテキストの関係	a. テキストのレトリックを示している。 b. レトリックを示しているとは限らない。 c. 教父神学に基づくテキスト解釈を反映している。

ベッテライの仮説

　既存の研究の中でも、著者が本研究を始める直接的な動機となったのは、ベッテライの仮説である（Betteray 2007, 231-235）。彼は、先行研究を詳細に検討しつつ、ザンクト・ガレン修道院に起源を持つ写本の融化について、次の仮説（表25）を立てた。

表25　ベッテライの仮説

ザンクト・ガレン修道院における中世初期のラテン語	・ラテン語はフランク王国内における多様性があり、地域や時代によって異なっていた。 ・ザンクト・ガレン修道院では、基本的に現在のドイツ式発音によるラテン語が一般的であった。
融化現象の任意性とその意味	・融化は、音節移行時の発音補助でなく、アーティキュレーションの一つである。 ・音の長さとして、縮小・拡大融化の分類をすることは難しい。融化ネウマには、「軽くする」あるいは「強調する」働きがあると仮定できるのではないか。そのアーティキュレーションは、音節移行を柔らかなものにし、融化時の子音は半母音のような響きになる。 ・音声学的融化は、テキスト解釈に応じて、聖歌の中に取捨選択された。
ザンクト・ガレン修道院におけるテキスト解釈	・融化は、教父神学に基づくテキスト解釈を反映している。これは、ザンクト・ガレン修道院付属図書館に、中世に書き写された教父たちの著作が所蔵されていることからも推測される。

2 本論の試み

　著者は、ベッテライを含むこれまでの仮説について、いくつかの疑問を抱くに至った。それは、自らの研究や実践に基づくものであり、次の2点に要約することができる。

- アグストーニなどが提唱した音の相対的長さとしての拡大・縮小融化の概念は、本当に存在しないのだろうか。聖歌のリズムをサウンドのアーティキュレーションで捉えようとしたセミオロジーにおいて、拡大・縮小の概念も最終的にはアーティキュレーションの一部として捉えることが可能なのではないか。

- 聖歌を演奏する際に、私たちは言葉の意味を調べるが、それは単語の意味を前後関係なく逐語的に把握しているに過ぎない。これまでの研究に見られたように、教父たちによる著作の単語と聖歌のテキストの単語を比較する方法も、その延長線上にあると言える。したがって本来は、それらの作業を経て、聖歌のテキスト全体を当時の神学的背景に基づいて、解釈する必要があるのではないか。それは、融化ネウマがテキスト解釈の結果として、レトリックの役割を果たしているのであれば、なおさらのことである。

　確かに、融化にまつわるテーマは、永遠に正答の出ない課題かもしれない。なぜなら、聖歌の作曲法を示した文献は、何一つ残されていないからである。また、サウンドの結果を記したものがネウマだとするセミオロジーの原則に立ち戻るならば、解釈の可能性は複数存在することになる。しかし、少なくとも、融化ネウマを教父の著作と比較しながら考察することは、作曲者のテキスト解釈の実像を浮かび上がらせ、最終的には作曲のプロセスを解明す

ることに繋がるのではないだろうか。本論では、融化ネウマとテキストの関
係を、教父神学 —— 特に、アウグスティヌスの著作 —— の観点から考察し、
一つの仮説を提示する。

3 考察

　本論では、下記の7曲について、融化ネウマとテキストの関係性を検討する。

考察対象
- **待降節第1主日**
    In. *Ad te levavi* (*GrN*, I: 3)
- **主の降誕・夜半のミサ**
    In. *Dominus dixit ad me* (*GrN*, I: 20)
    Of. *Laetentur caeli* (*GrN*, I: 23)
    Comm. *In splendoribus* (*GrN*, I: 23)
- **主の昇天**
    In. *Viri Galilaei* (*GrN*, I: 209)
- **死者のためのミサ**
    In. *Requiem aeternam* (*GrN*, I: 409)
    Tr. *De profundis* (*GrN*, I: 411-413)

考察方法
(1) 写本における収録状況を整理する。
(2) テキストにおける音声学的融化の可能性を考える。
　音声学的融化条件の原則 (Agustoni and Göschl 1992, II-2: 488)
　1.　2つあるいは3つの子音が隣接している場合、基本的にその最初の
　　子音が融化される
　　a. 最初の子音が流音「l, m, n, r」の場合
　　b. 2つの子音が隣接し、その最初が歯音による破裂音「d, t」の場合
　　c. 2つの子音が隣接し、その最初が歯擦音「s」の場合

    d. g と n が結合される場合（gn）は、そのいずれもが融化される

    e. 2つの子音が隣接し、その2番目が「j」であり、かつその最初が「b, d, m, n, r, s, t, l」の場合

2. 2つの母音に挟まれた「m」

3. 2つの母音に挟まれ、明音母音（e, i）が後続する「g」

4. 二重母音「au, ei, eu」

5. 2つの母音に挟まれた「j」

(3) テキストにおける音声学的融化（(2)）が、主な音高非明示ネウマによる写本（ザンクト・ガレン系ネウマによる写本、メス系ネウマによる写本、中央イタリア系ネウマによる写本）においてどのように融化処理されているかを検討する。

(4) 原則として2つ以上の写本に共通するネウマ上の融化処理を、3つの観点から考察する。

    a. テキストのリズム・アーティキュレーション

    → 融化ネウマが「動きの支点 Drehpunkt」と一致していなければ、それが意図的に何かを表現している可能性が高くなる。

    b. 音楽的な要素

    1. ネウマの名称：第2章において示した分類に従う。

    2. 相対的な長さ（拡大・縮小）：先行研究において、一定の共通認識が確認されている点（表26）を前提とする。

表26　本論において前提とした融化ネウマの長さと意味

	拡大	縮小
音の長さ	相対的に長い	相対的に短い
意味	ネウマ上の言葉や音を、強調／そこに注意を向けさせる／言葉の発音に注意させる	後続の言葉や音を、強調／そこに注意を向けさせる／後続の言葉の発音に注意させる

3. 音高

4. 位置：ネウマが文章や言葉（単語）のどの位置に置かれているかによって、強調・非強調（音楽的な意味における）がある程度想定できる。

5. アーティキュレーションの可能性：1. から4. までの項目を総合的に考慮し、クレント（k）とニヒトクレント（nk）に大別する。

c. テキストとの関連性

　　b. で明らかになったアーティキュレーションの可能性の背景を、テキストとアウグスティヌスの著作―― 主に『詩編注解 *Enarrationes in psalmos*』[2]―― の観点から考察する。

1　待降節第1主日

（1）写本の収録状況

　待降節第1主日 *Dominica prima adventus* のためのミサ固有唱は、5曲 ―― In. *Ad te levavi*, Gr. *Universi qui te exspectant*, All. *Ostende nobis*, Of. *Ad te Domine levavi*, Comm. *Dominus dabit benignitatem* ―― からなる。その起源は、8世紀前後のテキストのみの写本に見られる。それゆえ、この固有唱群は聖歌成立時（8世紀）に創作された可能性が高く、中世初期の姿を留めていると考えられる。

表27　写本の収録状況

写本	テキストのみの写本					
	M	R	B	C	K	S
In.	―	○	○	―	○	○
Gr.	○	○	○	―	○	○
All.	○	○	○	―	○	○
Of.	―	○	○	―	○	○
Comm.	―	○	○	―	○	○

	音高非明示ネウマによる写本							
写本	C	E	SG 376	G	B	L	Ch	An
In.	—	—	○	○	○	○	○	○
Gr.	○	—	○	○	○	○	○	○
All.	○	○	○	○	○	○	○	○
Of.	—	○	○	○	○	○	○	○
Comm.	—	○	○	○	○	○	○	○

Ⅰ　入祭唱 *Ad te levavi*

図23　*SG 376* (83)

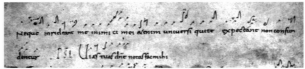

図24　*Laon* (7-8)

図25　*Angelica* (18r-18v)

VIII.

D te le-vá-vi á-nimam me-am: De-us me-
us in te confí- do, non e-ru- bé-scam: neque ir-
rí- de- ant me in-imí- ci me- i: ét-e- nim u-ni-vér- si qui
te exspé- ctant, non confun- dén-tur. *Ps.* Vi- as tu- as, Dó-
mi-ne, demónstra mi-hi: * et sémi-tas tu- as do-ce me.

譜例17　*GrN* (I, 1)

(2) テキストにおける音声学的融化の可能性

テキストの比較

テキストは詩編24：1-4（聖書協会共同訳25：1-4）に基づいている。『ウルガタ聖書 *Biblia Sacra Vulgata*』[3] と *GrN* のテキストを比較すると、表28のようになる。

表28　テキストの比較

ウルガタ聖書（Ps. 24：1-4）	*GrN*
Ad te, Domine, levavi animam meam: Deus meus, in te confido; non erubescam. Neque irrideant me inimici mei: etenim universi qui sustinent te, non confundentur. Confundantur omnes iniqua agentes super vacue. Vias tuas, Domine, demonstra mihi, et semitas tuas edoce me.	Ad te levavi animam meam: Deus meus, in te confido, non erubescam: neque irrideant me inimici mei: etenim universi qui te expectant, non confundentur. **Ps.** Vias tuas, Domine, demonstra mihi: et semitas tuas doce me.

ドイツ語訳[4]（*TGR*）
Zu dir erhob ich meine Seele. Mein Gott, auf dich vertraue ich. Lass mich nicht zuschanden werden. Lass meine Feinde mich nicht verlachen! Ja, alle, die auf dich harren, werden nicht zuschanden. **Ps.** Zeige mir, Herr, deine Wege und lehre mich deine Pfade!

テキストの融化

GrN のテキストにおける融化箇所は次の通りである（下線部：融化条件、太字：融化対象、テキスト下部の数字とアルファベット：本書において基準とした融化条件、118-119頁）。

A**d** te levavi ani**mam** meam: D**eus meu**s i**n** te co**nf**ido,

  1-b   2 1-a   4 1-c 4   1-a   1-a

non erube**sc**am: neque i**rr**idea**nt** me ini**m**ici m**ei**:

        1-c   1-a   1-a   2   4

eteni**m** univer**s**i qui te expecta**nt, non co**nfu**nde**ntur.

  2   1-a   1-a   1-a 1-a 1-a

Ps. Via**s** tua**s**, Dom**i**ne, de**m**onstra **m**ihi: e**t** se**m**ita**s** tua**s** doce **m**e.

1-c   1-c   2   2 nst:1-a 2   1-b 2   1-c   1-c   2

                            str:1-c

（3）ネウマ上の融化処理

（2）の音声学的融化は、写本において、どのように処理されているのだろうか。表29は、ネウマ上の融化について、3つの写本を比較したものである。

表29 In. *Ad te levavi* におけるネウマの融化

	SG 376	L	An
a**d**	○	○	○
ani**m**am	× / ○	× / ×	× / —
D**eus**	× / ×	× / ×	× / ×
m**eu**s	×	×	×
in	○	○	○
co**n**fido	×	×	×
erube**s**cam	×	×	×
i**rr**idea**n**t	× / ○	× / ○	○ / ×
ini**m**ici	×	×	×
m**ei**	×	×	×
eteni**m**	×	×	×
unive**r**si	○	○	○
expecta**n**t	× テネーレ付 トルクルス	○	×
no**n**	○	○	○
co**n**fu**n**de**n**tur	× / × / ×	× / × / ×	× / ○ / ×
Via**s**	×	×	×
tua**s**	×	×	×
Do**m**ine	×	×	×
de**m**o**n**stra	× / × / ×	—	× / × / ×
mihi	×	×	×
e**t**	○	—	×

semita<u>s</u>	× / ×	—	×
tua<u>s</u>	×	—	×
<u>m</u>e	×	—	×

（4）考察

a. リズム・アーティキュレーション

　融化ネウマの位置は Dr と一致していない。それゆえ、融化ネウマは作曲者によって、意図的にテキストの流れを操作するために挿入されたと考えられる。

Ad te levavi animam meam: Deus meus in te confido, non erubescam:

neque irrideant me inimici mei:

etenim universi qui te expectant, non confundentur.

Ps. Vius tuas, Domine, demonstra mihi: et semitas tuas doce me.

b. 音楽的な要素

表30　音楽的な要素

		ad	animam	in	irrideant
1	ネウマ	ケファリクス	*SG 376*のみ：融化ペス＋テネーレ	エピフォヌス	トリストローファ（第3音の融化ストローファ）
2	相対的長さ	拡大	拡大	縮小	拡大
3	音高	re	Sol ↑ la	fa ↑ Sol	do
4	位置	一音節の単語第1部分の開始点	語尾音節	一音節の単語	語尾音節の最終音
5	アーティキュレーションの可能性	nk	nk	k	nk
		後続 te の強調	animam を強調	後続の te への注意を促す	後続 me の強調

universi	expectant	non	et
エピフォヌス	*SG 376*：テネーレ付トルクルス L：エピフォヌス＋アウジェーテ付ウンチヌス	エピフォヌス	ケファリクス
縮小	拡大	縮小	縮小
la ↑ si	la	Sol ↑ la	do ↓ la
アクセント音節の最終2音、音節経過部	語尾音節中間終止部	一音節の単語	一音節の単語
k	nk	k	k
後続の si の発音への注意を促す	expectant の強調、中間終止部の強調	後続 confundentur への注意を促す	後続 semitas への注意を促す

c. 融化ネウマとテキストの関連性

1）ad と animam

アウグスティヌスは、詩編24編について、「キリストが、しかし教会の在り方で語るのである。なぜなら、語られる事柄が、神へと回心したキリストの民にいっそう関わるからである」としている（アウグスティヌス 1997, 234）。これは、この詩編の語り手が、神とキリストへの信頼を置いた人々であることを意味している。したがって、詩編に書かれた「魂」（4節）とは、人間の本質的要素であり、キリスト者が深く受け止めなければならないものを指している。

ad の融化ネウマは拡大融化であり、te を導く働きがあると考えられるが、それは ad te の主語が、単なるキリスト者だけでなく、キリスト自身であることを暗示している。そして、そのキリストの行為の中に、キリスト者がさらに深く意味を見出すことを促している。また *SG 376* のみに見られる、「魂を animam」の語尾 m における拡大融化ネウマは、animam がアウグスティヌスの指摘するようなものであることを示している。

2）in te

アウグスティヌスは、「わたしの神よ、わたしはあなたに信頼します」と言うのは、詩編の「わたし」がそれ以前に肉的な熱望に基づいていた経験を持っていたからであるとしている（アウグスティヌス 1997, 234）。具体的にそれは、神を捨て、自ら神になろうとしたことを指す。これはアウグスティヌスにとって、マニ教のような異教と同義であった。

in における縮小融化ネウマは、「あなたに te」を導く働きがあると考えられるが、それはアウグスティヌスの考え —— 異教的な罪に陥らないように、三位一体の神のみに信頼を置くこと —— を背景としたものである。

3）irrideant

アウグスティヌスは神を捨てる行為の例として、「よし、よし」と甘い言

葉をかけてくるものがおり、その誘惑に陥ることを挙げている（アウグス
ティヌス 1997, 234）。その誘惑に陥ったのは、その詩編の「わたし」だけで
なくアウグスティヌス自身、そしてアウグスティヌスの説教の聴衆であっ
たのかもしれない。その意味で、neque irrideant me inimici mei の「わたしを
me」は相対的なものと考えられる。

「あざける irrideant」の ant における融化ネウマは、アウグスティヌスの
指摘にあるように、その直後の me が重要なものであることを示している。

4) universi, expectant, non

誘惑に陥らないためには、結局のところ、神に信頼を置き、「あなたを待
ち望む」しかない。これが、詩編24：1-4の大きなテーマであり、アウグス
ティヌスの示唆である。言い換えるならば、「待つ expectant」が「恥を受け
ない non confundentur」を生むのである。しかし、この待ち望む行為は、決
して容易なことではない。アウグスティヌスは、神に信頼を置く道が「か
えって狭くて少数の者に知られる小道」とも述べている（アウグスティヌス
1997, 234）。

「皆が universi」の ver における縮小融化ネウマは、その意味「すべて」が
多くないことを暗示している。これは、アウグスティヌスの指摘する「少数
の者」を反映したものと考えられる。expectant と non における融化ネウマ
は、拡大融化→縮小融化（長い→短い）という時間的に関連性のある変化を
示している。これは、expectant が non confundentur を生むという、アウグス
ティヌスの示唆を、融化の変化によって表したと考えられる。最終的に神を
信頼する「道を semitas」求めることほど難しいものはない。それは、「そし
て et」における縮小融化ネウマによってさらに強調されている。

2 主の降誕・夜半のミサ

(1) 写本の収録状況

　主の降誕・夜半のミサ *Tempus nativitatis in nativitate Domini ad missam in nocte* における固有唱には、In. *Dominus dixit ad me*, Gr. *Tecum principium*, All. *Dominus dixit ad me*, Of. *Laetentur caeli*, Comm. *In splendoribus* が含まれる。これらは、9世紀のテキストのみによる写本に遡ることができることから、8世紀にはすでに成立していたと考えられる。また11世紀の音高非明示ネウマによる写本には、現在知られている5曲がセットで収録されている。

表31　写本の収録状況

写本	テキストのみの写本					
	M	R	B	C	K	S
In.	—	○	○	○	○	○
Gr.	○	○	○	○	○	○
All.	○	○	○	○	○	○
Of.	—	○	○	○	○	○
Comm.	—	○	○	○	○	○

写本	音高非明示ネウマによる写本							
	C	E	SG 376	G	B	L	Ch	An
In.	—	○	○	○	○	○	○	○
Gr.	○	—	○	○	○	○	○	○
All.	○	—	○	○	○	○	○	○
Of.	—	○	○	○	○	○	○	○
Comm.	—	○	○	○	○	○	○	○

I 入祭唱 *Dominus dixit ad me*

図26 *Einsiedeln* (24)

図27 *Laon* (18)

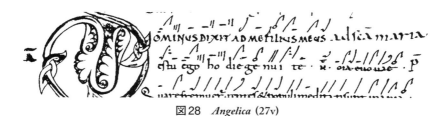

図28 *Angelica* (27v)

O-MI-NUS di- xit ad me: Fí- li- us me-

us es tu, e- go hó- di- e gé- nu- i te. *Ps.* Qua-

re fremu- é-runt gentes: * et pópu- li me-di-tá-ti sunt in- á-

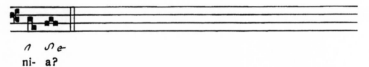

ni- a?

譜例18　*GrN* (I, 20)

(2) テキストにおける音声学的融化の可能性

テキストの比較

テキストは詩編2：7と2：1に基づいている。詩編の順番が入れ替えられているものの、ウルガタ聖書のテキストに変更や追加は加えられていない。

表32　テキストの比較

ウルガタ聖書（Ps. 2：7、2：1）	GrN
Ps. 2, 7 Dominus dixit ad me: Filius meus es tu; ego hodie genui te. **Ps. 2, 1** Quare fremuerunt gentes, et populi meditati sunt inania?	Dominus dixit ad me: Filius meus es tu, ego hodie genui te. **Ps.** Quare fremuerunt gentes et: populi meditati sunt inania?
ドイツ語訳（*GrN-CDs* 2017, EFS: 15）	
Der Herr sprach zu mir: Mein Sohn bist du, ich selber habe heute dich gezeugt. **Ps.** Warum toben die Völker und planen die Völker Torheiten?	

テキストの融化

Dominus dixit ad me: Filius meus es tu, ego hodie genui te.

   2   1-c   1-b   1-c   4   1-c   3

Ps. Quare fremuerunt gentes: et populi meditati sunt inania?

       2   1-a   1-a   1-b   2   1-a

(3) ネウマ上の融化処理

表33　In. *Dominus dixit ad me* におけるネウマ上の融化処理

	E	L	An
Do**m**inu**s**	× / ×	× / ×	× / ×
a**d**	○	○	○
Filiu**s**	×	×	×
m**eu**s	×	×	×
e**s**	×	×	×
genui	×	×	×
fre**m**ueru**n**t	× / ×	—	× / × fre に有
ge**n**tes	○	—	○
e**t**	○	—	○
meditati	×	—	×
su**n**t	×	—	×

(4) 考察

a. リズム・アーティキュレーション

　融化ネウマの位置を見ると、Dr と一致しているのは一箇所のみである。また強い言葉のアクセントが生じにくい一音節の単語上に、縮小融化ネウマが見られる。それゆえ、融化ネウマは作曲者が意図的に挿入したものと考えられる。

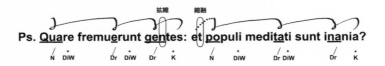

b. 音楽的な要素

表34　音楽的な要素

		ad	**gentes**	**et**
1	ネウマ	エピフォヌス	ケファリクス	ケファリクス
2	相対的長さ	縮小	拡大	縮小
3	音高	do ↑ mi	sol	fa ↓ Re
4	位置	一音節の単語 第1部分の後半部	詩編唱前半の最後の 単語のアクセント音 節	一音節の単語 詩編唱後半の開始 部
5	アーティキュレーションの可能性	k	nk	k
		後続 me への注意 を促す	gentes の強調	後続 populi への注 意を促す

c. 融化ネウマとテキストの関連性

1）ad

アウグスティヌスは、「主は私に言われた。『あなたは私の子。私は今日、あなたを生んだ Dominus dixit ad me: Filius meus es tu; ego hodie genui te』」（詩編2：7）は、単にキリストの誕生を予言しているだけではないとしている。それは、「今日 hodie」の意味する永遠の存在、つまり神自身が行った業であり、単なる予言を超え、今この瞬間に「独り子である神の力と知恵の永遠の誕生」が宣言されている（アウグスティヌス 1997, 20）。

交唱における唯一の融化ネウマは、「わたしに me」の前置詞 ad 上に見られる。このエピフォヌスは、主なる神の語りかけた内容が「独り子である神の力と知恵の永遠の誕生」だとするならば、それを受ける「わたし」がいかに小さき存在であるかを暗示している。

また、アウグスティヌスが力説する hodie を含む部分には、融化可能な箇所が含まれているにもかかわらず、それをネウマによって処理した跡は見られない。その代わりに、「わたしの meus」、hodie、「生んだ genui」には各々、ニヒトクレントなネウマが見られ、意図的な強調が行われている。例えば、genui の nu には、非アクセント音節にもかかわらず、ニヒトクレントなビ

ヴィルガが置かれ、genui が強調されている。これは、アウグスティヌスの解釈に見られる「独り子である神の力と知恵の永遠の誕生」を前提にしている。そして meus のニヒトクレントなクリヴィスとペスも、「今日」の示す「神」であることを明確に表している。さらに hodie にも、ho 上にニヒトクレントなネウマが置かれ、その意味が暗示されている。

2）gentes と et

アウグスティヌスは、「『なぜ』と言ったのは、それは無益なことだ、と言おうとしたのだと解される」と指摘している。そして、この無益なことをしたのは、キリストを十字架につけた「民 gentes, populi」であったが、彼らがキリストを死に追いやることはできなかったとしている（アウグスティヌス 1997, 18）。おそらくアウグスティヌスにとって、この箇所のテーマはこの民であったようである。その後も彼は、使徒言行録4：25-26を引き合いに出し、彼らを「主の迫害者 persecutoribus Domini」という言葉で表現し、会衆への意識づけを行おうとしている（アウグスティヌス 1997, 18）。

gentes のケファリクスは拡大融化ネウマ（＝強調されるもの）であるが、それは gentes を強調しようとしたアウグスティヌスの意図と一致する。また et のネウマ・ケファリクスは縮小融化であり、populi を引き立たせる役割があるが、これもまた彼の「民」を強調しようとする解釈を反映している。

II　奉納唱 *Laetentur caeli*

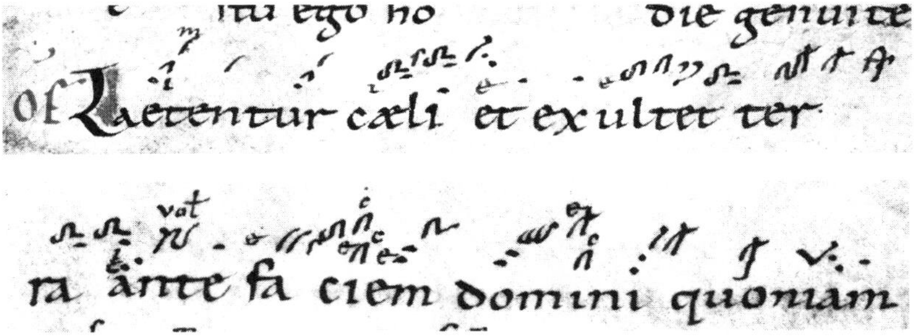

図29　*Einsiedeln*（25-26）

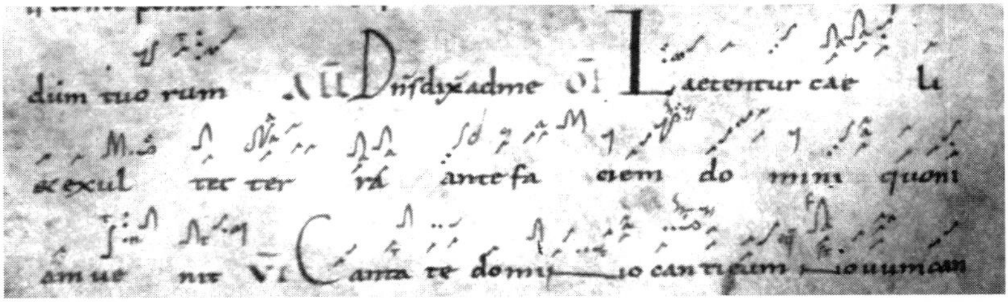

図30　*Laon*（18）

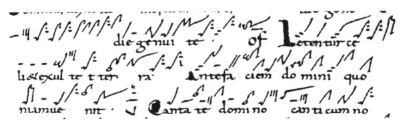

図31　*Angelica*（28r）

譜例19　*GrN*（I, 23）

（2）テキストにおける音声学的融化の可能性

テキストの比較

　テキストは詩編95：11a、13a（聖書協会共同訳詩編96：11a、13a）から採られており、両者を結合するために変更が加えられている。

表35　テキストの比較

ウルガタ聖書（Ps. 95：11、13）	*GrN*
Ps. 95, 11a Laetentur caeli, et exsultet terra. **Ps. 95, 13a** A facie Domini, quia venit, quoniam venit judicare terram.	Laetentur caeli, et exsultet terra ante faciem Domini: quoniam venit.
ドイツ語訳（*GrN-CDs* 2017, EFS: 15）	
Es freue sich der Himmel und es frohlocke die Erde vor dem Angesicht des Herrn, denn er ist gekommen.	

テキストの融化

Laetentur caeli, et exsultet terra ante
　　1-a　1-a　　　　1-a　1-b 1-a　　1-a

faciem Domini: quoniam venit.
　　1-a　　2　　　　　　1-a

(3) ネウマ上の融化処理

表36　Of. *Laetentur caeli* におけるネウマ上の融化処理

	E	L	An
Laetentur	× / ×	× / ×	× / ○
exsultet	○ / ×	○ / ×	○ / ×
terra	○	×	○
ante	○	○	○
faciem	×	○	×
Domini	×	×	×
quoniam	×	×	×

(4) 考察

a. リズム・アーティキュレーション

　融化ネウマの位置を見ると、Dr とは一致しているが、そのすべてが拡大
融化ネウマではない。Dr に、その機能と矛盾する2つの縮小融化ネウマが
見られる。したがって、融化ネウマは意図的にテキストの流れを操作するた
めに挿入されたと考えられる。

b. 音楽的な要素

表37　音楽的な要素

		exsultet	terra	ante
1	ネウマ	ディストローファの融化	E：ケファリクス An：拡大融化ヴィルガ	エピフォヌス
2	相対的長さ	縮小	拡大	縮小
3	音高	fa ↓ re	sol	Mi ↑ fa
4	位置	メリスマ上 アクセント音節 音節経過部	アクセント音節 音節経過部	アクセント音節 音節経過部
5	アーティキュレーションの可能性	k	nk	k
		後続 tet の発音への注意を促す	terra を強調	後続 te の発音と faciem Domini への注意を促す

c. 融化ネウマとテキストの関連性

　アウグスティヌスは、「神の栄光を物語る天に喜び祝わせよう。主がお創りになった天には喜び躍らせよう。天から雨を豊かに注がれる地には喜び躍らせよう。諸々の天は説教者であり、地は聴講者である」としている（アウグスティヌス 2020b, 577）。そして、聖歌に採用されなかった後半の「海とそこに満ちるものは、とどろけ」について、海はこの世界を表し、それは攪拌されることによって、満たされると述べている。つまり11節の「地 terra」には、キリストを通して与えられた主の恵みが溢れ、主は自ら、主の到来を待ち望みながら喜ぶ「地」を見出す（アウグスティヌス 2020b, 580）。

　このように、「喜ぶ exsultet」べきは主により造られた terra であり、私たち自身でもある。作曲者はこれを terra とその前後に融化ネウマを付けることによって示している。sul 上の縮小融化ネウマは、後続の terra を強調するとともに、tet 上のネウマがパルティエルクレントであることから、terra の広大さを連想させる。また、この縮小融化ネウマは、軽さをもたらすことから、小さき人間の小躍りする様子とも解される。そして terra の拡大融化ネウマは、その広大さをより印象づける。さらにこれらの直後に現れる

an の縮小融化ネウマは、語尾音節 te のクレントなトラクトゥルスとともに、faciem Domini を強調し、terra が「主の前に ante faciem Domini」において、exsultet すべきことを明確に表している。

Ⅲ　拝領唱 *In splendoribus*

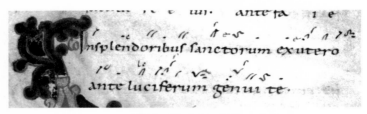

図32　*Einsiedeln*（26）

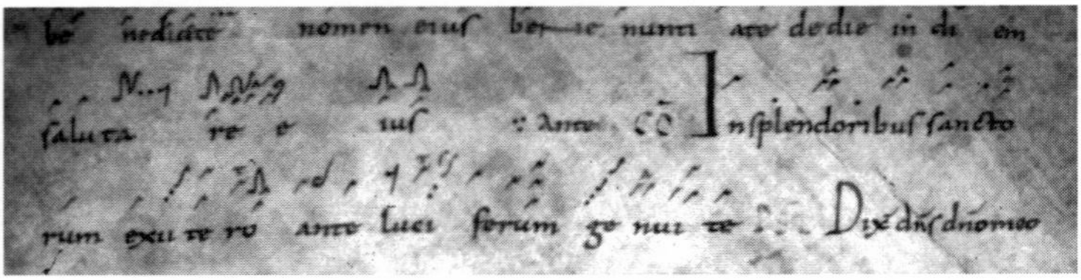

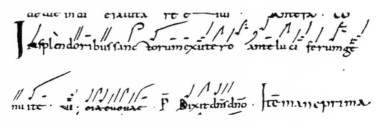

図33　*Laon*（19）

図34　*Angelica*（28r-28v）

譜例20 *GrN* (I, 23)

(2) テキストにおける音声学的融化の可能性

テキストの比較

テキストは詩編109：3（聖書協会共同訳詩編110：3）の後半部分に基づいている。

表38 テキストの比較

ウルガタ聖書（Ps. 109：3）	GrN
Tecum principium in die virtutis tuae in splendoribus sanctorum: ex utero, ante luciferum, genui te.	In splendoribus sanctorum, ex utero ante luciferum genui te.
ドイツ語訳（*GrN-CDs* 2017, EFS: 15）	
Im Glanz der Heiligen, aus Mutterschoss, vor dem, Morgenstern habe ich dich gezeugt.	

テキストの融化

In splendoribus sanctorum, ex utero ante luciferum genui te.

　1-a　　　1-a　　　　　1-c　　　1-a　　　　2　　　　　　　　1-a　　　　　　1-a

(3) ネウマ上の融化処理

表39　Comm. *In Splendoribus* におけるネウマ上の融化処理

	E	L	An
I**n**	×	×	×
sple**n**doribu**s**	× / ×	× / ×	× / ×
sa**n**ctoru**m**	× / ×	× / ×	○ / ×
a**n**te	○	○	○
luciferu**m**	×	×	×

(4) 考察

a. リズム・アーティキュレーション

　融化ネウマの位置は Dr と一致しているものの、その機能と矛盾する縮小融化ネウマが付けられている。したがって、融化ネウマは意図的に挿入された可能性が高い。

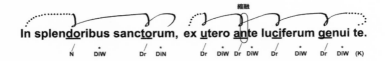

b. 音楽的な要素

表40　音楽的な要素

		a<u>nt</u>e
1	ネウマ	エピフォヌス
2	相対的長さ	縮小
3	音高	Fa ↑ sol
4	位置	アクセント音節 音節経過部
5	アーティキュレーションの 可能性	k
		後続 te の発音と luciferum への注意を促す

c. 融化ネウマとテキストの関連性

　アウグスティヌスは詩編109：3（聖書協会共同訳詩編110：3）の「曙の胎から」（聖書協会共同訳：曙の胎の中から若さの露があなたに降りる）を、聖霊によるキリストの誕生と捉えている。彼によると、キリストが地上に到来し、人々がその業をとおして、主の愛を理解したときに初めて、神自らが各々を祝福することになる。それはまさに「聖なる輝きの中に In splendoribus sanctorum」おいてであり、そこには、聖徒たちが神とともに存在している。そしてその輝きが起きる前こそが「明けの明星よりも前に ante luciferum」である。それは最も輝く星の存在する前であり、それは「いかなる時より前に ante tempora」という永遠の存在を暗示している。この永遠の存在こそが神であり、その神がキリストを生んだのである（アウグスティヌス 2011, 312-315）。

　「前に ante」の an 上の縮小融化ネウマは、後続の te 上のクレントなトラクトゥルスとともに、「明けの明星 luciferum」を強調する。これは、前述のように、ante luciferum が神そのものを示していることと関係がある。そして、luciferum におけるニヒトクレントなネウマは、永遠の存在の重さを表現している。

3 主の昇天

(1) 写本の収録状況

主の昇天 *In ascensione Domini* の固有唱には、In. *Viri Galilaei*, All. *Ascendit Deus*, All. *Dominus in Sina*, Of. *Viri Galilaei*, Comm. *Psallite Domino* が含まれる。これらも主の降誕・夜半のミサにおける固有唱と同様、8世紀にはすでに成立していたと考えられる。

表41　写本の収録状況

写本	テキストのみの写本					
	M	*R*	*B*	*C*	*K*	*S*
In.	—	○	○	—	○	○
All. Ascen	○	○	○	—	○	○
All. Dominus	○	○	○	—	○	○
Of.	—	○	○	—	○	○
Comm.	—	○	○	—	○	○

写本	音高非明示ネウマによる写本							
	C	*E*	*SG 376*	*G*	*B*	*L*	*Ch*	*An*
In.	—	—	○	○	○	○	○	○
All. Ascen	○	—	○	○	○	○	○	○
All. Dominus	○	○	○	○	○	○	○	○
Of.	—	○	○	○	○	○	○	○
Comm.	—	○	○	○	○	○	○	○

I　入祭唱 *Viri Galilaei*

図35　*Einsiedeln* (248-249)

図36　*Laon* (122-123)

図37　*Angelica* (126r-126v)

譜例21　*GrN* (I, 209)

(2) テキストにおける音声学的融化の可能性

テキストの比較

テキストは使徒言行録1：11に基づき、そこに alleluia が追加されている。

表42　テキストの比較

ウルガタ聖書（Apg. 1：11、Ps. 46：2）	GrN
Apg. 1, 11 Qui et dixerunt: Viri Galilaei, quid statis aspicientes in caelum? Hic Iesus, qui assumptus est a vobis in caelum, sic veniet quemadmodum vidistis eum euntem in caelum.	Viri Galilaei, quid admiramini aspicientes in caelum? alleluia: quemadmodum vidistis eum ascendentem in caelum, ita veniet, alleluia, alleluia, alleluia.
Ps. 46, 2 Omnes gentes, plaudite manibus; iubilate Deo in voce exultationis.	**Ps.** Omnes gentes plaudite manibus: jubilate Deo in voce exultationis.
ドイツ語訳（GrN-CDs 2017, VI: 25）	
Ihr Männer von Galiläa, was blickt ihr verwundert zum Himmel? Alleluja. Wie ihr ihn zum Himmel aufsteigen saht, so wird er wiederkommen, alleluja, alleluja, alleluja. **Ps.** Alle Völker, klatscht in die Hände jubelt Gott zu mit Freundenstimme.	

テキストの融化

Viri Galilaei, quid admiramini aspicientes in caelum? alleluia:
　　　　　　　　1-b　　2　　　1-c　　1-a　　1-a　　　　　1-a　　5

quemadmodum vidistis eum ascendentem in caelum, ita veniet, alleluia.
　2　　1-b　　　1-a　　1-c　　4, 2　　1-c　1-a　1-a　2　1-a　　　2　　　　　1-a　5

Ps. Omnes gentes plaudite manibus: jubilate Deo in voce exsultationis.
　　1-a　　1-c　　1-a　1-c　4　　　2　　　　　　　　　　　1-a　　　　1-a

(3) ネウマ上の融化処理

表43　In. *Viri Galilaei* におけるネウマ上の融化処理

		E	L	An
admiramini		× / ×	× / ×	× / ×
aspicientes		× / ×	× / ○	× / ○
in		○	○	×
alleluia		○ / ×	○ / ×	× / ×
quemadmodum		× / × / ×	× / ○ / ×	× / ○ / ×
vidistis		×	×	×
eum		× / ×	× / ×	× / ×
ascendentem		× / ○ / ○ / ×	× / ○ / ○ / ×	× / ○ / × / ×
in		○	○	○
caelum		×	×	×
alleluia	1	× / ×	× / ×	× / ×
	2	○ / ×	○ / ×	○ / ×
	3	○ / ×	○ / ×	○ / ×
Omnes		○ / ×	—	× / ×
gentes		× / ×	—	× / ×
plaudite		×	—	×
manibus		×	—	×
in		×	—	×
exsultationis		×	—	×

（4）考察

a. リズム・アーティキュレーション

　融化ネウマの位置は Dr と必ずしも一致しておらず、そこには縮小融化ネウマが付されている箇所もある。したがって、融化ネウマは意図的にテキストの流れを操作するために挿入されたと考えられる。

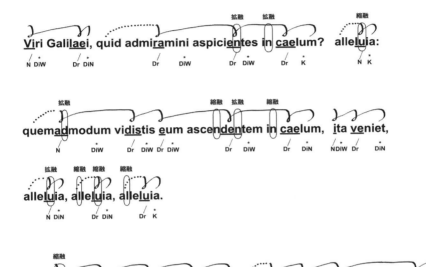

b. 音楽的な要素

表44　音楽的な要素

		aspicie**n**tes	**in**	a**ll**eluia	quema**d**modum	ascende**n**tem
1	ネウマ	*L・An*：ケファリクス	ケファリクス	ケファリクス	*L・An*：融化ペス	1. エピフォヌス 2. ケファリクス
2	相対的長さ	拡大	拡大	縮小	拡大	1. 縮小 2. 拡大
3	音高	re	la	la ↓ Sol	do ↑ re	1.do ↑ re 2.re
4	位置	アクセント音節 音節経過部	一音節の単語	前アクセント音節	アクセント音節 音節経過部	1. 前アクセント音節 音節経過部 2. アクセント音節 音節経過部
5	アーティキュレーションの可能性	nk aspicientesの強調	nk 後続caelumの強調	k アクセント音節luへの注意を促す	nk quemadmodumの強調	1.2.k 1. アクセント音節denへの注意を促す 2. アクセント音節denの強調

in	a**ll**e**l**uia	a**ll**e**l**uia	a**ll**eluia	**O**m**n**es
エピフォヌス	アンクス	1. エピフォヌス 2. ケファリクス	ケファリクス	ケファリクス
縮小	拡大	1.2. 縮小	縮小	縮小
la ↑ do	mi ↓ re	1.2. Sol ↑ la	la ↓ Sol	do ↓ si
一音節の単語	アクセント音節 音節経過部	1. 前アクセント音節 音節経過部 2. アクセント音節	前アクセント音節 音節経過部	詩編唱開始部 アクセント音節 音節経過部
k 後続caelumへの注意を促す	nk alleluiaの強調	1.2. k 1. 後続音節leの強調 2. 後続音節iaの発音への注意を促す	k 後続音節leへの注意を促す	k 後続音節nesの発音への注意を促す

c. 融化ネウマとテキストの関連性

1）交唱

アウグスティヌスは、使徒言行録1：11について、キリストの「昇天 ascendit」よりも「再臨 descendit」が重要な出来事であると述べている（Augustinus b）。これは、キリストが天に昇る姿に驚くべきではなく、再びわたしたちの眼前に姿を現したことに意味を見出すべきことを示唆している。

キリストの再臨を重要視するこのような発想は、ネウマ上の融化処理に大きな影響を与えている。それが明らかなのは、次の2箇所である。

- admiranimi が「驚くべき」という意味にもかかわらず、融化ネウマが付されていない。
- *Einsiedeln* における aspicientes に、ネウマ上の融化処理がなされていない。

この「なぜ天を見上げて立っているのか」（使徒言行録1：11）と語ったのは、天の使いである（10節）。この天使は、昇天に気をとられているガリラヤの人々に、その表面的な出来事ではなく、本質を見るべきだと伝えている。*E* における「天に caelum」の m に、音声学的な融化箇所でないにもかかわらず、融化ネウマが付されているのは、このような天使の語りのニュアンス——物事の本質を見抜きなさいと諭すような、落ち着いた雰囲気——を表している。

この caelum の m のように、聖書箇所の場面の雰囲気をネウマによって表現しようとする姿勢は、「あなたがたを離れて天に上げられたイエスは、天に昇って行くのをあなたがたが見たのと同じ有様で、またお出でになる」（11節）を意味する quemadmodum vidistis eum ascendentum in caelum, ita veniet にも見られる。この前半には、ネウマの融化処理が見られるが、その多くは縮小融化である。視覚的な「見る」を表す vidisti はすべてクレントなネウマで書かれ、「天に昇った ascendentem in caelum」は縮小融化で処理され、アウグスティヌスの再臨を重要と見做す解釈が反映されている。

2）アレルヤ

In. *Viri Galilaei* には alleluia が複数回現れる。これは昇天について記した箇所（ルカによる福音書24：50-53、使徒言行録1：9-11）には見られない言葉であり、聖歌のテキストを編集する際にアウグスティヌスの影響を受け、意図的に挿入されたと考えられる。アウグスティヌスは、キリストの復活と昇天が聖霊によるものとし、それは神の愛の出来事だと捉えた。そして、神に信頼を置く者はすべて「アレルヤ」と歓びの声をあげるべきだとした。しかしそれは同時に、仰々しい歓喜ではなく、「神の子をたたえ、アレルヤと声をあげよ laudemus pueri Dominum, et dicamus alleluia」を意味していた（Augustinus b）。

In. *Viri Galilaei* に見られるアレルヤの融化処理は、1回のみアレルヤという言葉自体の強調のために行われ（アンクスによる拡大融化）、その他は言葉の強調には結びついていない。これは、アウグスティヌスの laudemus pueri Dominum の指摘に基づいたものと考えられる。

3）詩編唱

詩編46：2（聖書協会共同訳47：2）は、アウグスティヌスによると、声のみならず「手を打ち鳴らす」ことに意味がある。その手は、善いことをなす人々のものであり、彼らは手と舌の調和、すなわち「舌が告白し、手が為す」ことができている。その彼らとは、キリストの血によって贖われた人々であり、アウグスティヌス自身の説教を聴く会衆のことである（アウグスティヌス 2006, 429）。

詩編唱においては、omnes にのみ縮小融化ネウマが付けられている。作曲者は、アウグスティヌスが対面した人々への思いを想像し、「すべて」を意味する omnes に融化処理を施した。これにより、この詩編唱は、高らかに手を打ち鳴らすものではなく、一人一人の内において深化すべきものへと変化する。

4 死者のためのミサ

(1) 写本の収録状況

死者のためのミサ *Missa pro defunctis* の固有唱には、In. *Requiem aeternam*, Gr. *Requiem aeternam*, Tr. *Absolve, Domine*, Tr. *De profundis*, Of. *Domine Jesu Christe*, Comm. *Lux aeterna* が含まれる。これらは、そのすべてをグレゴリオ聖歌の成立期にまで遡ることができない。ゲシュルはこの問題について、次のように述べている。

> グレゴリオ聖歌の初期の資料において、死に関する典礼歌はほとんど見当たらず、統一性もない。8世紀に書かれた歌詞だけによる写本にも、それらの歌は含まれていない。同様のことは *C* や *E* といったザンクト・ガレン系ネウマによる写本にも当てはまる。しかしこの事実は、当時、死に関する典礼が存在しなかったことを意味しているのではない。むしろ、その典礼には拘束力がなく、まさに「家の典礼 Hausliturgie」というプライベートな性格を有し、地域毎に独自の発展が見られた。10世紀以降には、次第に聖歌の「カノン」となり、死の典礼へと組み入れられていった。(*GrN-CDs* 2017, SiTAM: 12)

表45 写本の収録状況

写本	テキストのみの写本					
	M	*R*	*B*	*C*	*K*	*S*
In.	—	—	—	—	—	—
Gr.	—	—	—	—	—	—
Tr. Absolve	—	—	—	—	—	—
Tr. De profundis	○	○	○	○	○	○
Of.	—	—	—	—	—	—
Comm.	—	—	—	—	—	—

写本	音高非明示ネウマによる写本							
	C	E	SG 376	G	B	L	Ch	An
In.	—	—	○	○	—	○	○	○
Gr.	—	—	—	○	—	○	○	○
Tr.Absolve	—	—	—	—	—	—	—	○
Tr. De profundis	○	—	○	○	○	○	○	○
Of.	—	—	—	○	—	—	—	○
Comm.	—	—	—	—	—	—	—	—

I 入祭唱 *Requiem aeternam*

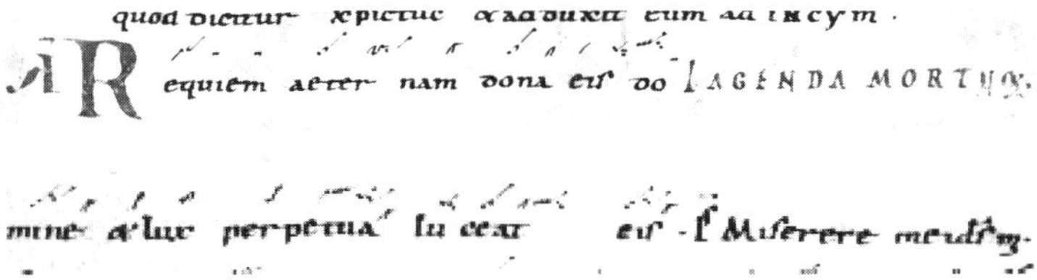

図38　*G 339* (144-155)

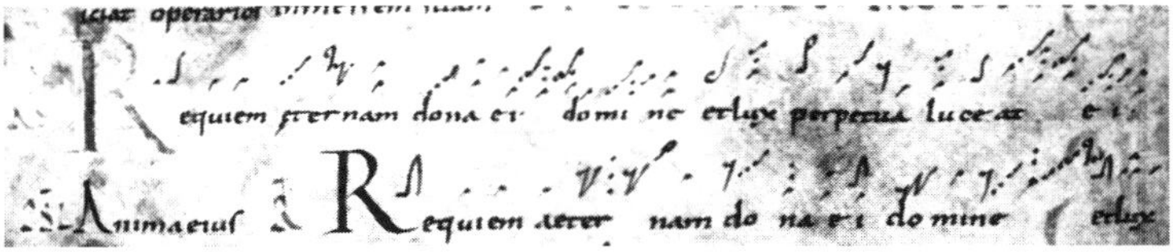

図39　*Laon* (148)

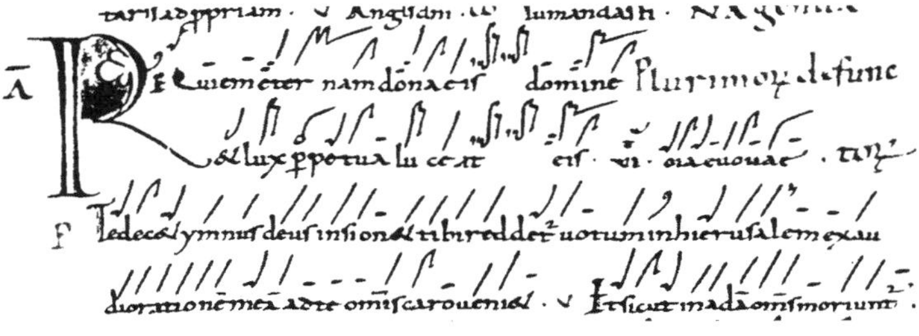

図40　*Angelica* (149v)

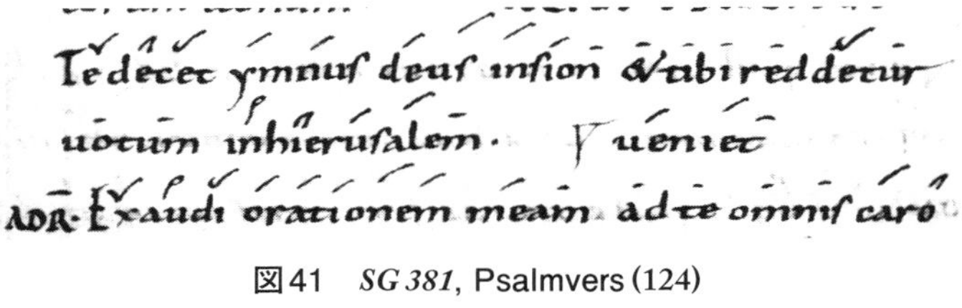

図41　*SG 381*, Psalmvers (124)

譜例22　*GrN* (I, 409)

(2) テキストにおける音声学的融化の可能性

テキストの比較

テキストはエズラ記（ラテン語）2：34-35、詩編64：2（聖書協会共同訳詩編65：2）に基づいている。

表46　テキストの比較

ウルガタ聖書（4 Esr. 2：34-35、Ps. 64：2）	*GrN*
Esr. 2, 34-35 Ideoque vobis dico, gentes quae auditis et intellegitis: expectate pastorem vestrum, requiem aeternitatis dabit vobis, quoniam in proximo est ille, qui in finem saeculi adveniet. Parati estote ad praemia regni, quia lux perpetua lucebit vobis per aeternitatem temporis.	Requiem aeternam dona eis Domine: et lux perpetua luceat eis.
Ps. 64, 2 Te decet hymnus, Deus, in Sion, et tibi reddetur votum in Ierusalem. Exaudi orationem meam; ad te omnis caro veniet.	**Ps.** ① Te decet hymnus Deus in Sion, et tibi reddetur votum in Jerusalem. ② Exaudi orationem meam, ad te omnis caro veniet.
ドイツ語訳（*GrN-CDs* 2017, SiTAM: 22-23, *TGR*）	
Ewige Ruhe schenke ihnen, Herr, und das ewige Licht leuchte ihnen. **Ps.** Die gebührt der Lobgesang, Gott, auf dem Zion, dir erfüllt man ein Gelübde in Jerusalem.Erhöre mein Gebet! Zu dir wird alles Fleisch kommen.	

テキストの融化

Requiem aeternam dona eis Domine: et lux perpetua luceat eis.
　　2　　1-a　1-a　　4 1-c　　2　　1-b　　1-a　　　　4

Ps. ① Te decet hymnus Deus in Sion, et tibi reddetur votum in Jerusalem.
　　1-b　1-a　1-c　4　1-a　　1-b　　1-b　1-a　2　1-e

② Exaudi orationem meam, ad te omnis caro veniet.
　4　　　　1-a　　2　1-b　　1-a　1-c

(3) ネウマ上の融化処理

表47 In. *Requiem aeternam* におけるネウマ上の融化処理

	G	L	An
Requie**m**	×	×	×
aeter**nam**	× / × エピゼマ	× / ×	○ / ×
eis	× / ×	× / ×	× / ×
Do**m**ine	×	×	×
e**t**	○	○	○
pe**r**petua	○	○	○
eis	×	×	×

　G や *L* には詩編唱句が見られず、同系統の写本 *SG 381* に詩編唱句が残されている。そのため、*SG 381* と *An* を対象とし、融化ネウマを比較した。

表48 *SG 381* と *An* の融化ネウマの比較

	SG 381	An
dece**t**	×	×
hy**m**nu**s**	× / ×	× / ×
D**eu**s	×	×
in	×	×
e**t**	×	×
re**d**detu**r**	× / ×	× / ×
votu**m**	×	×
in	○	○
Ex**au**di	○	×
oratione**m**	×	×
mea**m**	×	×
a**d**	×	×
o**m**ni**s**	× / ×	× / ×

（4）考察

a. リズム・アーティキュレーション

　融化ネウマの位置を見ると、Dr と一致しているのは一箇所のみである。その他は、一音節の単語上や、前アクセント音節に融化ネウマが見られる。したがって、融化ネウマは意図的に挿入されたと思われる。

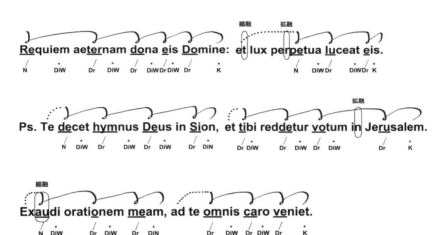

b. 音楽的な要素

表49　音楽的な要素

		et	perpetua	in	exaudi
1	ネウマ	*G*：ケファリクス *L*：エピフォヌス *An*：エピフォヌス	*G*：エピフォヌス *L*：融化ペス *An*：融化ヴィルガ	*SG381・An*： ケファリクス	*SG381*のみ： ケファリクス
2	相対的長さ	縮小	拡大	拡大	縮小
3	音高	sol ↑ la	sol ↑ la	sol	sol ↓ Fa
4	位置	一音節の単語	前アクセント音節 音節経過部	一音節の単語	アクセント音節 音節経過部
5	アーティキュレーションの可能性	k 後続 lux と perpetua への注意を促す	nk 後続のアクセント音節への準備	nk in Ierusalem を強調	k 後続 di の発音への注意を促す

c. テキストと融化ネウマの関連性

1）交唱

エズラ記（ラテン語）は、冒頭の2章と最後の2章が後の時代に書き加えられ、その他の箇所も改変されている。その目的はユダヤ人の文書をキリスト教化することにあり、時代に関する矛盾や、イエスを具体的に指し示す記述が、他の旧約聖書の預言書よりも多く見られる（秦1999, 286-314）。このエズラ記（ラテン語）に関して、アウグスティヌスの直接的な注解は見当たらないが、この入祭唱のテキストに関連性のある部分は以下に見出すことができる。

- 『告白録』：「そのためわれわれの心は、あなたのうちに憩うまでは安らぎを得ません」（アウグスティヌス2012, 25）
- 『詩編注解』詩編51編：コロサイの信徒への手紙3：4などの引用（アウグスティヌス2006, 587）

ボウマン（J. Bouman, 1918-1998）は、アウグスティヌスが、ランタンの弱

い光と太陽の強い光を比較し、人間の生きる暗闇とキリストの示現を表そうとしていたと指摘している（Bouman 2018, 191）。またボウマンは、『詩編注解』詩編121編を引用し、アウグスティヌスが「永遠は神の子と同一である」と解していたと述べている（Bouman 2018, 40）。

　作曲者は、ボウマンが示唆しているように、永遠が神の子を指し、光がキリストを指すものと考え、それらを重要視していた。それは、「そして永遠の光を et lux perpetua」のネウマからも読み取ることができる。et の後に続く「光を lux」にはクレントなクリマクスが付されており、それらはいずれも「永遠の perpetua」に向かっている。そして perpetua には、アクセント音節 pe 以外にも、ニヒトクレントなネウマが多く見られ、per におけるペスの融化はその一つである。この per の融化ネウマも perpetua を強調し、et と同様に、永遠＝神の子というアウグスティヌスの考えを表している。

　また、曲中の「永遠の休息を Requiem aeternam」がアウグスティヌスの指し示すものであるとするならば、融化ネウマの不在が、神のもとにおける憩いの静けさと、神の慈悲深さを表していると考えることもできる。曲全体に漂う柔らかな響きも、ここに由来しているのかもしれない。

2）詩編唱

　アウグスティヌスはこの唱句を含む詩編64編（聖書協会共同訳詩編65編）の注解において、コリントの信徒への手紙1の10：1とコリントの信徒への手紙2の5：6を引用し、バビロン捕囚とエルサレムの関係を「二つの愛が二つの都を創る。エルサレムを神への愛が創り、バビロンをこの世への愛が創る」としている（アウグスティヌス2020a, 286）。そして、「人が新しくされ始めた場合、心はすでにエルサレムで歌って」（アウグスティヌス2020a, 287）おり、その地で「より明白なものに達するまで、歌い続けよう」と勧めている（アウグスティヌス2020a, 290）。つまり、アウグスティヌスは、エルサレムこそがすべての始まりであり、バビロンのような途中に留まることなく、かの地へと立ち返ることが必要だと述べている。

そしてその後に続く「わたしの祈りを聞きたまえ。そしてあなたのもとにすべての肉はいたるでしょう」は、次のように解されている。すべての肉はすべての人を指し、「『あなたのもとにすべての肉は至るでしょう。わたしの祈りを聞きたまえ。あなたのもとにすべての肉は至るでしょう』と語り掛けられた方のもとにやって来たすべての国民を誰が数えうるであろうか」（アウグスティヌス 2020a, 291）。つまり、神に信頼を置き、祈る人すべては分け隔てなく神のもとに迎え入れられるのであり、エルサレムにおいて歌い、祈るべきだとされている。

　作曲者は、アウグスティヌスが最も重要視している「エルサレムにおいて」を強調するために、Jerusalem の直前の in に拡大融化ネウマを付けている。融化ネウマの処理は、歌い手にエルサレムの持つ意味を強く意識させると同時に、in Jerusalem でなければならないことを示している。また、「聞きたまえ exaudi」の au に付された縮小融化ネウマは、神を信頼し、エルサレムにおいて歌い、祈る人への共感を表している。その祈りは決して大きな声で唱えられるものでなく、縮小融化で表すに相応しいものである。

Ⅱ　詠唱 *De profundis*

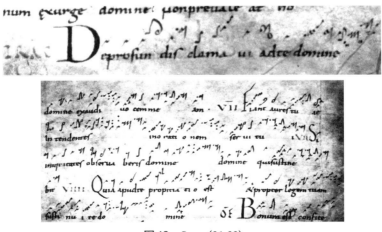

図42　*Cantatorium* (59)

図43　*Laon* (31-32)

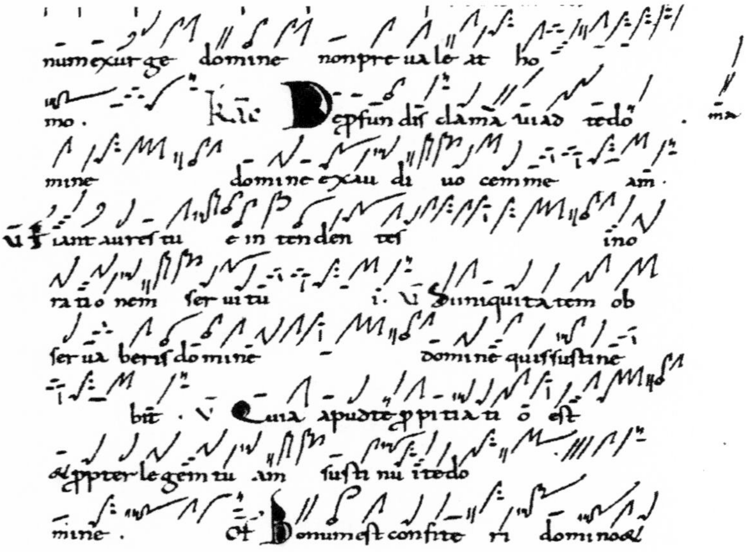

num exur ge domine nonpre ua lo at ho

mo . Ric Deprfun dis clama uiad redo . ma

mine domine exau di uo cem me am

uf iam aures tu e in tenden res ino

ratio nem ser ui tu i. U Siniquitatem ob

ser ua beris do mine domine quiffuftine

bit . U Quia apud te ppitia ti o eft

Appter legem tu am fufti nu i tedo

mine . Et Donum eft confite ri domino al

図 44 *Angelica* (58v)

譜例23 *GrN* (I, 411-412)

(2) テキストにおける音声学的融化の可能性

テキストの比較

テキストは詩編129：1-4（聖書協会共同訳詩編130：1-4）に基づいている。

表50　テキストの比較

ウルガタ聖書（Ps. 129：1-4）	GrN
De profundis clamavi ad te, Domine; Domine, exaudi vocem meam. Fiant aures tuae intendentes in vocem deprecationis meae. Si iniquitates observaveris, Domine, Domine quis sustinebit? Quia apud te propitiatio est; et propter legem tuam sustinui te, Domine. Sustinuit anima mea in verbo eius.	① De profundis clamavi ad te, Domine: Domine, exaudi vocem meam. ② Fiant aures tuae intendentes in orationem servi tui. ③ Si iniquitates observaveris, Domine: Domine, quis sustinebit? ④ Quia apud te propitiatio est, et propter legem tuam sustinui te, Domine.

ドイツ語訳（TGR）
Aus der Tiefe rufe ich, Herr, zu dir,　Herr, höre meine Stimme. Lass deine Ohren aufmerken auf das Gebet deines Knechtes. Wenn du auf das Unrecht acht hättest, Herr, Herr, wer könnte bestehen? Denn bei dir ist die Versöhnung, und um deines Gesetzes willen harrte ich deiner, Herr.

テキストの融化

① De profu**nds** **cl**amavi a**d** **t**e, D**om**ine: D**om**ine, ex**au**di voce**m** **m**eam.
　　　1-a　1-c　2　　　1-b　　　2　　　　2　　　　4　　　　1-a

② Fia**nt** **au**re**s** **t**uae i**nt**en**d**en**t**es in orationem **s**er**v**i tui.
　　1-a　4　1-c　　1-a 1-a 1-a　　　　　　　1-a　1-a

③ Si iniquitates obse**rv**averi**s**, **D**om**i**ne: **D**om**i**ne, qui**s** **su**s**t**inebit?
　　　　　　　　　1-a　　　1-c　2　　　2　　　1-c 1-c

④ Quia apu**d** **t**e propitiatio est, e**t** **p**roprte**r** **l**e**g**em **t**ua**m** **su**s**t**inui te, D**om**ine.
　　　　1-b　　　　　　　　1-b　1-a　3　1-a　　1-a　1-c　　　　2

(3) ネウマ上の融化処理

表51　Tr. *De profundis* におけるネウマ上の融化処理

	G	L	An
profu**nd**i**s**	○ / ×	○ / ×	× / ×
cla**m**avi	×	×	×
a**d**	○	○	○
Do**m**ine	×	×	×
Do**m**ine	×	×	×
exa**au**di	×エピゼマ	×	× ex：拡大ヴィルガ
voce**m**	×	×	○
Fia**n**t	○	○	○
aure**s**	○ / ×	○ / ×	○ / ×
i**n**te**n**de**n**tes	○ / ○ / ○ in：オリスクス	○ / ○ / ○	○ / ○ / ○
oratione**m**	×エピゼマ	×	○
se**r**vi	○	○	○
obse**r**vaveri**s**	○ / ×	○ / ×	○ / ○
Do**m**ine	×	×	×
Do**m**ine	×	×	×
qui**s**	×	×	×
su**s**tinebit	×	×アウジェーテ	○
apu**d**	○	○	○
e**t**	×	×	×
propte**r**	○	○	○
leg**e**m	× / ×	× / ×	× / ×
tua**m**	×エピゼマ	×	○
su**s**tinui	×	×	×
Do**m**ine	×	×	×

(4) 考察

a. リズム・アーティキュレーション

　拡大融化ネウマは Dr と一致しているものの、その他の縮小融化ネウマは Dr や、そもそもアクセントのない場所に見られる。したがって、融化ネウマは意図的に挿入されたと考えられる。

① De profundis clamavi ad te, Domine: Domine, exaudi vocem meam.

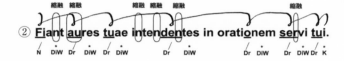

② Fiant aures tuae intendentes in orationem servi tui.

③ Si iniquitates observaveris, Domine: Domine, quis sustinebit?

④ Quia apud te propitiatio est, et propter legem tuam sustinui te, Domine.

b. 音楽的な要素

表52 音楽的な要素

		profundis	ad	fiant	aures	servi
1	ネウマ	アンクス	エピフォヌス	ケファリクス	エピフォヌス	ケファリクス
2	相対的長さ	拡大	縮小	縮小	縮小	縮小
3	音高	Sol	fa ↑ Sol	si ↓ la	do ↑ re	si（♭）↓ la
4	位置	アクセント音節の最終音 音節経過部	一音節の単語 音節経過部	語尾音節	アクセント音節 音節経過部	アクセント音節 音節経過部
5	アーティキュレーションの可能性	nk profundisの強調	k 後続 te への注意を促す	k 後続 aures への注意を促す	k 後続 es の発音への注意を促す	k 後続 vi の発音と tui への注意を促す

intendentes	observaveris	apud	propter
1. ケファリクス 2. 融化ペス 3. ケファリクス	エピフォヌス	エピフォヌス	エピフォヌス
1.2.3. 縮小	縮小	縮小	縮小
1. Sol ↓ fa 2. la ↓ Sol, 3. do ↓ la	Sol ↑ la	la ↑ si	Sol ↑ la
1.2.3. 音節経過部（＋3. アクセント音節）	前アクセント音節 音節経過部	アクセント音節 音節経過部	語尾音節
1.2.3. k	k	k	k
1. 後続 ten の発音への注意を促す 2. 後続アクセント音節 den の強調 3. 後続 tes の発音への注意を促す	後続アクセント音節 va への注意を促す	後続 te への注意を促す	後続 legem への注意を促す

c. 融化ネウマとテキストの関連性

　このテキストは詩編129：1-4（聖書協会共同訳詩編130：1-4）から採られている。アウグスティヌスは、その詩編における「深き淵 profundis」について、ヨナの姿（聖書協会共同訳ヨナ書2：1-11）を引き合いに出し、「深き淵は我々人間の死すべき生命である Profundum enim nobis est vita ista mortalis」としている。ヨナは、巨大な魚に呑み込まれるが、そこは到底地上へ声が届く範囲でもなく、ましてその中で挙げられた声を神が聞くなど想像することができない。しかし神は、魚の中で嘆き、祈るヨナの声を確かに聞いていた。つまり神は、人間が救ってくださらないと思うような深淵であっても、そこに目を向け、愛を注いでくださる。アウグスティヌスはこのヨナを救った神の愛と、イエスの愛を重ねている（Augustinus a）。

1）1節

　profundis の fun 上に拡大融化ネウマが見られるが、これは、アウグスティヌスがこの詩編において注目したキーワード「深い淵」である。profundis における音程差の少ない動きには、神にとって深淵は浅いものであることが示され、fun 上の融化ネウマには、神の愛の広さを見ることができる。

　アウグスティヌスによると、この深き淵から呼びかけるのはヨナであり、その相手は神である。ad の縮小融化ネウマは、後続の te にエネルギーを集中させる役割を持っており、それはヨナの語りかける相手が神自身であることを強調している。なお、神を指す te は、クレントなネウマで書かれており、重くもなく、親しみと慈しみの神を表している。その反対に、続く Domine のメリスマは、偉大な神を指し示している。

2）2節

　fiant, aures, servi には縮小融化ネウマが、intendentes には3つの融化ネウマが見られる。ヨナは、自らの置かれた深き淵から、自らの声が「あなたの耳 aures tuae」、つまり神の耳に届くかどうか半信半疑になっていた。fiant と

aures の融化ネウマには、このヨナの神に対する不安が表されている。また、「向ける intendentes」における複数の縮小融化ネウマには、神に対する信頼が揺らぎながらも、神に信頼し、呼びかけようとするヨナの姿が現れている。さらに、アウグスティヌスによると、ヨナ自身は神が小さき自らの祈る声に気づかないであろうと思いながらも祈り続けた。「しもべ servi」の縮小融化ネウマは、このヨナの自覚——自らの存在は神に気づかれぬほど小さい——を暗示している。

3）3節

「認める observaveris」の ser には縮小融化ネウマが付されている。これはアクセント音節 va に向けてエネルギーを集中させ、va の第1音に繋げる役割がある。アウグスティヌスによると、この詩編の語り手は、人間の命は罪に塗れ、神の正義に委ねようとする純粋な心を持ち合わせていないが、神はそれを見透かしていると言う。しかしその神は決して権威主義的でなく、愛に満ちている。observaveris のネウマのクレントな動きと、柔らかくもエネルギーの集中した縮小融化ネウマは、この神の姿を示したものと思われる。

4）4節

「〜のそばに apud」の pud には縮小融化ネウマが見られる。これには次の te を導く役割があり、そこに向けてエネルギーを集中させる。アウグスティヌスは「しかしなぜ希望なのだろうか。あなたのもとに贖いがあるから Quare autem spes est? Quoniam apud te propitiatio est」であり、「あなたの律法のゆえに、私はあなたを待ち望んでいた、主よ Propter legem tuam sustinuite, Domine」と指摘している。その律法は、「神の慈悲の律法であり、神の贖いの律法 Est ergo lex misericordiae Dei, lex propitia tiationis Dei」なのである（Augustinus a）。このような神の本質を表すために、te へ向かう apud の融化は柔らかさとエネルギーの集中が意図されている。また、「〜のゆえにpropter」の ter にも縮小融化ネウマ・エピフォヌスが付されている。これは

次の「律法を legem」を導くとともに、ニヒトクレントな tu までのクレントな動きの始まりでもある。この律法の性格は先に指摘した通りであり、この融化ネウマはそれを表現している。

4 まとめ

　本章では、融化ネウマのアーティキュレーションが持つ意味を考察してきた。その結果を、先行研究の論点と比較すると、表53になる。

表53　本論の結果

主な課題		先行研究の仮説	本章の考察に基づく結果
音声学	意味	a. 音節移行における発音の軟化 b. 音節移行部のアーティキュレーション	**a.+b. の可能性有**
	任意性	a. 任意性があり、話者、作曲者、解釈者によって取捨選択されていた。 b. 基本的にすべて融化されていた。	**基本的に a.** 作曲者の任意性：○ 解釈者の任意性：△
	基準とすべき発音	a. ロマンス語の発音 b. ドイツ語の発音	**基本的に a.**
セミオロジー	融化ネウマの意味	a. 音自体の長さが相対的に変化していた（＝拡大と縮小の概念）。 b. 具体的な音の長さではなく、「軽くする」あるいは「重くする」というニュアンスがある。	**a.+b.+αの可能性有** 「サウンドのアーティキュレーション」として把握可能ではないか。
	融化ネウマとテキストの関係	a. テキストのレトリックを示している（＝テキスト解釈の鍵となる）。 b. レトリックを示しているとは限らない。 c. 教父神学に基づくテキスト解釈を反映している。	**基本的に a. と c.** アウグスティヌスの聖書解釈が影響している。

　音声学の観点に関しては、本論の主たる論点ではない。しかし考察の成果から推測し、上記の結果となった。その根拠は、次の2点にある。

① 　融化ネウマの作為性は、考察の対象曲に関して、ほぼ確実に認められる。したがって、融化ネウマは作曲者が任意で選んだものと言える。したがって、すべてが融化されていたとは考えにくい。また、融化ネウマ以外の部分で、解釈者が任意に発音を融化することがどの程度許されるのかは不明である。

② 　本章の考察において原則としたテキストの融化条件は、ラテン語の発音がロマンス語の発音によることを前提としている。これに基づいて考察を行ったところ、特段の問題を見つけることはできなかった。一方ラテン語の発音をドイツ語の発音によると仮定した場合、「s」や「g」の箇所などで融化と呼ぶことのできる現象が起きるかは疑問であり、「s」や「g」上に存在する融化ネウマについて説明することが難しくなる。そのため、作曲者の想定したラテン語の発音は、ロマンス語を基準としたものであったと推察される。

セミオロジーの観点に関しては、次の理由から、表53の結果となった。

③ 　融化ネウマとリズム・アーティキュレーションの機能の関係性を調べたところ、その多くは一致していなかった。例えばアクセント音節に縮小融化ネウマが、DiW に縮小融化ネウマが見られた。この場合、縮小融化が相対的に短いとすれば、それが Dr（アクセント音節）の長さを短くし、Dr 以外（非アクセント音節）の長さをさらに短くすると捉えることが可能である。このことから、融化ネウマには、相対的な長さ（拡大・縮小）があり、それは空間の中で重い・軽いという形で、聴覚的に把握可能と考えられる。

④ 　融化ネウマが強調する言葉は、アウグスティヌスの聖書解釈における強調箇所と一致している部分が非常に多かった。この事実と③を重ね合

わせると、融化ネウマは、音の長さや質感のみならず、テキストの抑揚
——アウグスティヌスの解釈に基づく——を音楽的に表現したものと
考えることもできるのではないだろうか。

　これらの結果から想定されるのは、次のような創作時のシチュエーション
である。聖歌の作曲者は、教父神学に基づくテキスト解釈を行い、そこで強
調すべきものを見定め、テキストの抑揚（リズム・アーティキュレーション）
や発音の音声学的特徴を利用しながら、テキストを音楽化した。つまり、言
葉のアーティキュレーションが根源となり、サウンドのアーティキュレー
ションが生み出されている。これは、作曲者がテキストを、詩文（聖書本
文）の定型リズムやそれに類似した言葉のパターンを基にしつつも、それに
全面的に基づいて音楽化してはいないことを物語っている。したがって、詩
文の定型リズムを前提とした20世紀前半に確立されたリズム理論は、テキ
ストに注目したという意味では先駆的であったものの、ネウマの客観的事実
とは相容れないことになる。

　本章で提示した仮説は、音楽的リズムをサウンドのアーティキュレーショ
ンとして捉えようとするセミオロジーの発想を裏づけるものとも言える。今
後も研究を継続する中で、さらに仮説の裏づけを試みたい。

注

はじめに

（1）［英］gregorian chant,［独］Gregorianischer Choral.

（2）［英］square notation / quadratic notation,［独］Quadratnotation.

（3）聖歌研究の用語は、複数の言語（ラテン語、イタリア語、フランス語、ドイツ語）にその起源を持っている。この要因は、研究の中心地（教育機関）が時代とともに移り変わったことにある（19世紀後半から20世紀半ば：フランス　→　20世紀半ばから1970年代：イタリア　→　1980年代以降：ドイツ）。加えて、研究の進歩とともに用いられなくなったもの（古ネウマ、古ローマ聖歌など）や、日本独自のもの（ネウマ譜、ネウマ符など）も存在し、複雑な状態になっている。そこで本論では、これまでの文献［水嶋 1966; カルディーヌ 1979; カルディーヌ 2002; 十枝 2004］も参照しつつ、セミオロジーの研究が盛んなドイツ語圏の用語とその概念を基に、邦訳を試みた。英訳に関しても、統一的なものが存在しないことから、ドイツ語圏と英語圏の研究を参照し、必要と思われる用語に付記している。

（4）［英］paleography,［独］Paläographie.

（5）［英］solesmes method,［独］Solesmes Methode.

（6）［英］semiology,［独］Semiologie.

（7）［英］articulation,［独］Artikulation.

（8）［英］liquescent neume,［独］Liqueszenzneume.

第1章

（1）［羅］cantor：音楽に精通した聖歌の指導者。

（2）シュテーブラインの「古ローマ聖歌」（Stäblein 1950）とは異なり、フランク・グレゴリオ聖歌誕生以前にローマで歌われていたと想定される聖歌を指す。

（3）［羅］responsorium,［英］responsory,［独］Antwortgesang,［日］応唱 .

（4）［英］adiastematic neume,［独］adiastematische Neume.

（5）［英］mode,［独］Modus.

（6）［英］adiastematic manuscript,［独］adiastematische Handschrift.

（7）半音の細分化という発想は、実際にそれを歌い分けていた可能性も少なからずあったことを示している。実際、音高非明示ネウマによる写本には、同音や半音も意味する指示文字 e（= aequaliter）が書かれており、この半音の概念と何らかの結びつきをもっていたと仮定すると、指示文字には未だ把握されていない意味が存在することに

なり、今後の研究が待たれる（Klöckner 2009, 120）。

（ 8 ） A. M. シュヴァイツァ氏提供。

（ 9 ） ［英］diastematic neume,［独］diastematische Neume.

（10） ［羅］tropus：キリエなどの歌詞にそれを装飾または補足する説明を加えた部分、ま
たはそれに新たな旋律を付けた部分。

（11） ［羅］sequentia,［日］続唱：アレルヤ唱や詠唱に続けて歌われるミサ固有唱。

（12） ［羅］melisma：一音節上に複数の音を有する装飾的な旋律。

（13） ［英］neume separation,［独］Neumentrennung.

（14） ［英］melody restitution,［独］Melodierestitution.

第2章

（ 1 ） ［英］phonetic liquescence,［独］phonetische Liqueszenz.

（ 2 ） クレントは「流動体」と訳されたこともある（水嶋 1991, 4）。

（ 3 ） 表中の日本語表記は十枝正子 2004, 10-12 も参考にした。

（ 4 ） ネウマのサンプルは nabc language for gregorio より引用。（https://github.com/gregorio-project/gregorio/releases）

（ 5 ） ［羅］litterae significativae.

（ 6 ） 聖 歌 に は 以 下 の 3 つ の 作 曲 様 式 が あ る（Klöckner 2009, 24-25）。音 節 的 様 式
（Syllabischer Stil）：一音節に一つの音が付けられているもの、半音節的・半旋律的様
式（Oligotonischer Stil）：一音節における音が比較的多くない（平均して、2音以上か
ら4音以内）もの、メリスマ的様式（Merismatischer Stil）：一音節における音が4つ
以上の部分が多数見られるもの。

（ 7 ） 「アーティキュレーション＝強調」とした場合には、k なネウマはアーティキュレー
ションに含まれない。しかしアーティキュレーションをネウマのグルーピングとして
考えた場合には、k なネウマにより非強調されているとしても、それが終結部の区切
りを表していることに変わりはない。したがって、終結部における k なネウマもアー
ティキュレーションの一つと考えられる。著者は後者を前提としており、この表に加
えている。

（ 8 ） 本文では旋法の終止音を示す際に、Re, Mi, Fa, Sol の表記を用いた。その他の音高は
表22（本書102-108頁）の記載を参照。

（ 9 ） ［英］psalmody,［独］Psalmodie.

（10） ［羅］antiphona,［日］交唱.

（11） ［英］psalm tone,［独］Psalmton.

（12） ［独］Urmodus. クレールは［仏］Modalité archaïque から［仏］Cordes-mères＝DO, RE,
MI が8つの旋法の核となっていると考えた。そしてその核となる音を基に3つの原

旋法が存在したのではないかという仮説を立てた。

（13）旋法に関しては Saulnier 1997 と Atkinson 2009 も参照した。

（14）［伊］cambiata,［独］Wechselnote,［日］補助音.

（15）［英］centonization,［独］Centonisation,［日］継ぎ接ぎ.

第3章

（1）［英］augmetative liquescent neume / diminutive liquescent neume,［独］augmentative Liqueszenznueme / diminutive Liqueszenznueme.

（2）本文中における日本語訳は原則として『アウグスティヌス著作集』（アウグスティヌス 1997, 2006, 2011, 2012, 2020a, 2020b）から引用した。

（3）ウルガタ聖書の引用は 原則として Tweedal 2006, Gryson and Weber 2007 から採り、*Biblia Sacra Valgata*（Hieronymiana versio, Zalu Ebook）およびドイツ聖書協会（Deutsch Bibel Gesellschaft）のサイト（https://www.bibelwissenschaft.de）も参照した。

（4）本文における *GrN* のドイツ語訳は、ウェブサイト *The Gregorian Repertory*（*TGR*）や *GrN* の CD 集（*GrN-CD* 2017）などを参照した。

参考文献

一次資料

写本

［主にテキストのみによるもの］

B: Graduale Mont-Blandin, Brussel, B-Br Ms 10127-44, Bibliothèque Royale Albert 1er.

Cp: Graduale Compiègne (Antiphonaire romain de Compiègne), Paris, F-Pn Ms Lat 17436, Bibliothèque nationale de France. (https://gallica.bnf.fr/ark:/12148/btv1b8426782r/f5.image)

K: Graduale Corbie (Antiphonaire de Corbie), Paris, F-Pn Ms Lat 12050, Bibliothèque nationale de France.

M: Cantatorium Monza, Monza, I-Mz Ms 88, Biblioteca capitolare del Duomo.

P: Psalterium, Paris, F-Pn Ms Lat. 13159, Bibliothèque nationale de France. (https://gallica.bnf.fr/ark:/12148/btv1b84267835/f337.image/)

R: Graduale Rheinau, Zürich, CH-Zz Rh 30, Zentralbibliothek Zürich.

S: Graduale Senlis, Paris, F-Psg Ms 111, Bibliothèque Sainte-Geneviève.

Sm: Sakramentar (Sacramentarium Gregorio-Hadrianum), Düsseldorf, D-Düi Ms D 1, Landesbibliothek Düsseldorf. (https://digital.ub.uni-duesseldorf.de/ms/content/pageview/3665096)

［音高非明示ネウマによるもの］

An: Angelica, Roma, I-Ra Ms 123, Biblioteca Angelica Roma. (*PM* 1-18, https://archive.org/details/palographiemusic18macq)

B: Bamberg, Bamberg, D-BAa Msc Lit 6, Staatsbibliothek Bamberg.

Bv.33: Benevento 33, Benevento, I-BV Ms 33, Biblioteca Capitolare Benevento. (*PM* 1-20)

C: Cantatorium, Sankt-Gallen, CH-SGs Cod 359, Stiftsbibliothek St. Gallen. (*PM* II-2, https://www.e-codices.unifr.ch/de/list/one/csg/0359)

Ch: Chartres, Chartres, F-CHRm Ms. 47 (40), Bibliothèque municipale Chartres. (*PM* I-11 and 17)

E: Einsiedeln, Einsiedeln, CH-E Cod 121, Kloster Einsiedeln Musikbibliothek. (*PM* 4, https://www.e-codices.unifr.ch/en/list/one/sbe/0121)

G: G 339, Sankt-Gallen, CH-SGs Cod 339, Stiftsbibliothek St. Gallen. (*PM* I-1, https://www.e-codices.unifr.ch/en/list/one/sbe/0339)

H: Hartker-Antiphonars, Sankt-Gallen, CH-SGs Cod 390-391, Stiftsbibliothek St. Gallen. (*PM* II-1)

L: Laon, Laon, F-LA Ms 239 , Bibliothèque municipale Laon. (*PM* I-10)

SG 376: SG 376, Sankt-Gallen, CH-SGs Cod 376, Stiftsbibliothek St. Gallen. (https://www.

e-codices.unifr.ch/en/list/one/csg/0376)

SG 381: SG 381, Sankt-Gallen, CH-SGs Cod 381, Stiftsbibliothek St. Gallen. (https://www. e-codices.unifr.ch/en/list/one/csg/0381)

[音高明示ネウマによるもの]

A: Albi, Paris, F-Pn Ms Lat 776, Bibliothèque nationale de France. (https://gallica.bnf.fr/ark:/12148/ btv1b84546727.image)

Bv.34: Benevento, Benevento, I-BV Ms 34, Biblioteca Capitolare Benevento. (*PM* I-15, https:// gallica.bnf.fr/ark:/12148/btv1b84546727/f1.image)

K: Klosterneuburg, Graz, A-Gu Ms 807, Universitätsbibliothek Graz. (*PM* I-19, http://143.50.26.142/ digbib/handschriften/Ms.0800-0999/Ms.0807/)

Mc: Montecassino, Montecassino, Ms. 540, 542, 546 etc., Archivio della Badia etc. (*PM* 1-23)

Mp: Montpellier, Montpellier, F-Mof H 159, Faculté de médecine Montpellier. (*PM* I-7, https:// manuscrits.biu-montpellier.fr/demifolio.php?var=159014r,159014r.jpg,159014rZ.jpg,159014rEF. html)

Sa: Sarum, London, GB-Lbl Addtional 12194, British Library. (Frere 1894: http://www.columbia.edu/ cu/lweb/digital/collections /cul/texts/ldpd_10276822_000/pages/ldpd_10276822_000_00000005. html)

Y: Saint-Yrieix, Paris, F-Pn Ms Lat 903, Bibliothèque nationale de France. (*PM* I-13, https://gallica. bnf.fr/ark:/12148/btv1b9068069f/f1.item)

聖歌集

Antiphonale Monasticum (AM). Tournai: Desclèe 1934.

Antiphonale Romanum. Roma: Romae typis vaticanis 1912.

Antiphonale Romanum (AR). 2 vols. Solesmes 2009/2020.

Graduale de Sanctis. Roma: Tipografia medicea 1615; Roma: Libreria editrice vaticana 2001.

Graduale de Tempore. Roma: Tipografia medicea 1614; Roma: Libreria editrice vaticana 2001. (1614 年版 http://www.cantusfractus.org/raph_1/edizioni/FSG_19.html#nota_FSG19)

Graduale Neumé. Edited by Eugène Cardine. Solesmes 1963.

Graduale Novum (GrN). 2 vols. Regensburg: Con Brio 2011, 2018.

Graduale Romanum. Pustet 1871.

Graduale Romanum (*GR* 1908, *GR* 1974). Roma: Romae typis vaticanis 1908; Solesmes 1974. (http://archive.ccwatershed.org/media/pdfs/13/07/11/17-23-33_0.pdf)

Graduale Romanum. Tournai: Desclèe 1938.

Graduale Simplex (GS). Libreria editrice vaticana 1975.

Graduale Triplex (GT). Solesmes 1979.

In hymnis et canticis. Stuttgart: Carus 2007.

Kyriale. Solesmes 1891.

Kyriale (WK). Edited Peter Wganer. Graz: Styria 1904. (http://archive.ccwatershed.org/media/pdfs/13/07/17/14-58-58_0.pdf)

Kyriale Romanum. Roma: Romae typis vaticanis 1905.

Liber Antiphonarius. Solesmes 1891.

Liber Gradualis (LG 1883). Tournai: Desclée 1883.

Liber Gradualis. Solesmes 1895.

Liber Usualis (LU 1896). Solesmes 1896.

Liber Usualis (LU 1924). Tournai: Desclée 1924. (http://archive.ccwatershed.org/media/pdfs/13/07/11/16-09-52_0.pdf)

Officium pro defunctis. Roma: Romae typis vaticanis 1909.

Psalterium Monasticum (PsM). Solesmes 1981.

Vesperale Romanum. Pustet 1879.

二次資料

Agustoni, Luigi. 1946. *Primo corso di canto gregoriano secondo la scuola di solesmes.* Como: Scuola diocesana di musica sacra.

————. 1949. "Die Musik im Kloster." *Allerheiligen Schaffhauser Beiträge zur Geschichte,* 26: 173-215.

————. 1951, 1952. "Notation neumatique et interprétation." *Revue grégorienne,* 30, 31: 173-190, 223-230 (1951), 15-26 (1952).

————. 1959. *Elementi di canto gregoriano.* Milano: Pontificio istituto ambrosiano di musica sacra.

————. 1959. "I neumi liquescenti." *Musica sacra,* 83: 34-42.

————. 1963. *Gregorianischer Choral.* Freiburg: Herder.

————. 1985. "Die Gregorianische Semiologie und Eugène Cardine." *BzG,* 1: 9-22.

————, and Göschl, Johannes Berchmans. 1987, 1992. *Einführung in die Interpretation des Gregorianischen Chorals.* 3 vols. Regensburg: G. Bosse.

AISCGre Deutschsprachige Sektion, ed. 1985-. *Beiträge zur Gregorianik.* Regensburg: Con Brio.

AISCGre Deutschsprachige Sektion, ed. 1996-. "Vorschläge zur Restitution von Melodien des Graduale Romanum." *BzG,* 21-. Regensburg: Con Brio.

Atkinson, Charles M. 2001. "Tonus in the Carolingian Era: A Terminal Spannungsfeld." In *Quellen und Studien zur Musiktheorie des Mittelalters.* Page, 19-46. München: Verlag der bayerischen Akademie der Wissenschaften.

──────. 2009. *The Critical Nexus*. Oxford: Oxford University Press.

Augustinus. a. *Enarrationes in psalmos*, 129. (https://www.augustinus.it/latino/esposizioni_salmi/index2.htm)

──────. b. *Sermones ad populum*, 265. (https://www.augustinus.it/latino/discorsi/index2.htm, https://www.cag-online.net)

──────. 1996. *Über die Psalmen*. Edited and translated by Hans Urs von Balthasar. Einsiedeln: Johannes.

Betteray, Dirk van. 2007. *Quomodo cantabimus canticum Domini in terra aliena, Liqueszenz als Schlüssel zur Textinterpretation*. Hildesheim: Olms.

Bielitz, Mathias. 1998. *Zum Bezeichneten der Neumen, insbesondere der Liqueszenz*. Neckargmünd: Männeles.

Bouman, Johan. 2018. *Augustinus, die Theologie seiner Predigten über die Psalmen*. Edited by Sven Grosse. Paderborn: Ferdinand Schöningh.

Bretschneider, Wolfgang, Massenkeil, Günter, and Schneider, Matthias, eds. 2011-2018. *Enzyklopädie der Kirchenmusik*. Lilienthal: Laaber.

Cardine, Eugène. 1952. "Signification de la désagrégation terminale." *Revue grégorienne*, 31: 55-65.

──────. 1957/1959. "Neumes et rythmes, actes du 3è congrès international de musique sacrée 1957." *Études grégoriennes*, 3: 146-154.

──────. 1963. "Le chant grégorien est-il mesuré ?" *Études grégoriennes*, 6: 7-38.

──────. 1968. *Semiologia gregoriana*. Roma: Pontificio istituto di musica sacra. (http://www.examenapium.it/cs/biblio/Cardine1968.pdf)

──────. 1970a. *Primo anno di canto gregoriano*. Roma: Pontifitio istituto di musica sacra. ［カルディーヌ，ウージェーヌ　2002　『グレゴリオ聖歌の歌唱法』　水嶋良雄、高橋正道訳、東京：音楽之友社］

──────. 1970b. *Sémiologie grégorienne*. Solesmes. ［カルディーヌ，ウージェーヌ　1979　『グレゴリオ聖歌セミオロジー』　水嶋良雄訳、東京：音楽之友社］

──────. 1985. "Die Gregorianische Semiologie." *BzG*, 1: 23-42.

Choron, Alexandre. 1811. *Considérations sur la nécessité de rétablir le chant de l'église de Rome dans toutes les églises de l'empire*. Paris: Courcier.

Claire, Jean. 1962. "L'évolution modale dans les répertoires liturgiques occidentaux." *Revue grégorienne*, 40: 196-211, 229-245.

Dechevrens, Antoine. 1898. *Etudes de science musicale*. 3 vols. (https://archive.org/details/tudesdesciencem00dechgoog)

Drobner, Hubertus R. 2003. *Patrologia 11: Augustinus von Hippo Predigten zum Weihnachtsfest (Sermones 184-196)*. Frankfurt am Main: Peter Lang.

──────. 2012. *Patrologia 26: Augustinus von Hippo Predigten zur Apostelgeschichte (Sermones 148-150)*. Frankfurt am Main: Peter Lang.

Du Mont, Henry. 1669. *Cinq messes en plein-chant musical*. Paris: C. Ballard.

Freistedt, Heinrich. 1929. *Die liqueszierenden Noten des Gregorianischen Chorals*. Fribourg: Paulusdruck.

Frere, Walter Howard. 1894. *Graduale Sarisburiense*. London: Bernard Quaritch.

Gerberto, Martino, ed. 1784 "7. Seu albini musica." In *Scriptores ecclesiastici de musica sacra potissimum*, 1. Page, 26–27. St. Blaise: Typis San-Blasianis; Hildesheim: Olms, 1963.

Göschl, Johannes Berchmans. 1980. *Semiologische Untersuchungen zum Phänomen der gregorianischen Liqueszenz. Der isolierte dreistufige Epiphonus praepunctis*. Wien: Verband der Wissenschaftlichen Gesellschaften Österreichs.

————. 1985. "Der gegenwärtige Stand der semiologischen Forschung – V. Der tiefere Zusammenhang zwischen Text und Neume – Zur Frage der Symbolik der Neumen." *BzG*, 1: 43-102.

————. 2015. "„Parola cantata". Zur Frage der Gliederungszeichen in der Editio Vaticana und im Graduale Novum." *BzG*, 59/60: 137-144. [ゲシュル, ヨハンネス・ベルヒマンス 2018 「『言葉を歌う Parola cantata』── ヴァティカン版とグラドゥアーレ・ノーヴム における区分線」 佐々木悠訳、『グレゴリオ聖歌研究』第31号：43-52.]

————. 2018. *Graduale Novum Kommentar*. Regensburg: Con Brio.

————. 2020. "Rhythmische Aritikulation im Gregorianischen Choral" *BzG*, 67: 17-31.

Gontier, Augustin-Mathurin. 1859. *Méthode raisonnée de plain-chant*. Paris: V. Palmé.

Gryson, Roger, and Weber, Robert. eds. 2007. *Biblia Sacra Vulgata. Editio quinta*. Stuttgart: Deutsche Bibelgesellschaft. (https://www.bibelwissenschaft.de/online-bibeln/biblia-sacra-vulgata/lesen-im-bibel text/bibel/text/lesen/ch/ c960b764d1431ba0f2 b9f2edf5596973/)

Guéranger, Prosper-Louis-Pascal. 1840,1841,1851. *Institutions liturgiques*. 3 vols. Le Mans: V. Fleuriot.

Haug, Andreas. 1993. "Zur Interpretation der Liqueszenzneumen." *Archiv für Musikwissenschaft*. Jahrgang L-1: 85-99.

Hermes, Michael. 2000/2010. *Das Versicularium des Codex 381 der Stiftsbibliothek Sankt Gallen, Verse zu den Introitus- und den Commnioantiphonen*. St. Ottilien: EOS.

Hermesdorff, Michael. 1863. *Graduale juxta usum ecclesia cathedralis trevirensis*. Trier: J.B. Grach.

————. 1876. *Graduale ad normam cantus S. Gregorii*. Trier: J. B. Grach.

Hieley, David. 1995. *Western Plainchant*. Oxford: Dlarendon Press.

————. 2009. *Gregorian chant*. Cambridge: Cambridge University Press.

Hönerlage, Christoph. 2020. *Centonisation als Interpretation*. St. Ottilien: EOS.

Houdard, Georges-Louis. 1897. *L'art dit grégorien*. Paris: Fischbacher.

Hucke, Helmut. 1954. "Die Einführung des Gregorianischen Gesanges im Frankreich." *Römische Quartalsschrift für christliche Altertumskunde und Kirchengeschichte*, 49: 172-187.

Joppich, Godehard. 1977. "Der Torculus als musikalische Interpunktionsneume." *Sacerdos et cantus gregoriani magister*: 129-141.

—————. 1980. "Die Bivirga auf der Endsilbe des Wortes – Ein Beitrag zur Frage des Wort-Ton-Verhältnisses im Gregorianischen Choral." *Ut mens concordet voci, Fs. E. Cardine*: 443-457.

—————. 1991. "Die rhetorische Komponente in der Notation des Codex 121 von Einsiedeln." In *Codex 121 Einsiedeln, Kommentar zum Faksimile*. Edited by Odo Lang. Page, 119-188. Weinheim: VCH Acta Humaniora.

—————. 2013. *Cantate canticum novum*. Münsterschwarzach: Vier-Türme. [*BzG*, 68 (2019) と 69 (2020) に再収録 : 63-86, 51-97.]

Klöckner, Stephan. 2009. *Handbuch Gregorianik*. Regensburg: Con Brio.

—————. 2011. "Der Gregorianische Choral: Entstehung – Repertoirebildung – Notation." In *Geschichte der Kirchenmusik vol.1: Von den Anfängen bis zum Reformationsjahrhundert*, edited by Wolfgang Hochstein, and Christoph Kummacher. Page, 27-69. Lilienthal: Laaber.

—————. 2015. *Kleiner Wegweiser durch den Gregorianischen Choral*. Münsterschwarzach: Vier-Türme.

Kohlhäufl, Josef. 2003. "Die Liqueszenz als phonetisches Phänomen." *BzG*, 36: 33-45.

Kurris, Alphons. 1992. "Rhetorische Funktion zweier unterschiedlicher Cephalicusgraphien im Codex Roma Angelica 123." *BzG*, 13/14: 89-107.

Lambillotte, Loius. 1851. *Antiphonaire de Saint Grégoire: fac-similé du manuscrit de Saint-Gall*. Paris: Poussielgue-Rusand.

Lösener, Hans. 2006. *Zwischen Wort und Wort, Interpretation und Textanalyse*. Paderborn: W. Fink.

Mendelssohn, Felix. 2011. *Reisebrief*. Berlin: Europäischer Literaturverlag.

Mocquereau, André. 1891. "Nuemes-accents liquescents ou semivocaux." In *Paléographie musicale*, vol. 2. Page, 37-86. Solesmes.

Möller, Hartmut. 1993. "Zur Frage der musikgeschichtlichen Bedeutung der „academia" am Hofe Karls des Großen: Die Musica Albini." In *Akademie und Musik*, edited by Wolf Frobenius, Nicole Schwindt-Gross, and Thomas Sick. Page, 269-288. Saarbrücken: Saarbrücker Druckerei und Verlag.

—————. 1908, 1927. *Le nombre musical grégorien ou rythmique grégorienne*. 2 vols. Tournai: Desclée.

Nishiwaki, Jun. 2020. "Amalar und die liturgischen Gesänge des Weinachtsfestkreises." *BzG*, 70: 43-48.

Philip, Johann. 1672. *Manuductio ad cantum choralem gregoriano-Moguntinum*. Mainz: Küchlerus.

Pothier, Joseph. 1880. *Les mélodies grégoriennes d'après la tradition*. Tournai: Desclée.

Pothier, Joseph, and Mocquereau, André. 1889-. *Paléographie musicale (PM)*. Solesmes, etc.

Pothier, Joseph. 1912. "La note liquescente dans le chant grégorien d'après Guy d'Arrezo." *Revue du chant grégorien*, 21: 3-8.

Prassl, Franz Karl. 2020. "Der Codex Hartker (CH-SFs 390/391), Rhetorik und Rhythmische

Artikulation als Ausdruck liturgischer Theologie." *BzG*, 70: 23-42. ［プラッスル，フランツ・カール　2020　「ハルトカー写本（CH-SGs 390/391）―― 典礼神学の表現としての修辞とリズム・アーティキュレーション」　西脇純訳，『グレゴリオ聖歌研究』第32号：71-97.］

Rampi, Fulvio. 2003. "La liquescenza." *Polifonie*, 3: 65-88.

Riemann, Hugo. 1905. *Handbuch Musikgeschichte*. 2 vols. Leipzig: Breitkopf & Härtel.

Rumphorst, Heinrich. 2020. "Luigi Agustoni und die rhythmische Artikulation." *BzG*, 67: 33-46.

Sasaki, Yu. 2019. *Der Einfluss der Augustinus Theologie auf Liqueszenz und Rhythmische Artikulation in Proprium in Ascensione Domini* (AISCGre 2019 Kongress freien Beitrag).

―――. 2020. "Liquescence and Lyrics: The Influence of A. Augustinus in In. *Ad te levavi.*" *Bollettino dell'associazione giapponese studi di canto gregroiano*, 32: 15-31.

Saulnier, Daniel. 1997. *The Gregorian Modes*. Translated by Edward Schaefer. Solesmes.

Stäblein, Bruno. 1950. "Zur Frühgeschichte des römischen Chorals." *Atti del congresso internazionale di musica sacra*: 271-275.

Stingl jun, Anton. 2017a. *Versus ad* Communionem. St. Ottilien: EOS.

―――. 2017b. *Die Konjunktion "et" als Schlüssel zur Liqueszenz*. St. Ottilien: EOS.

―――. 2018. *Alleluia, dulce carmen, Aspekte des gregorianischen Alleluia*. St. Ottilien: EOS.

Traub, Andreas. 1989. "Hucbald von Saint-Amand, De harmonica institutione, Lat.-dt. Ausgabe mit Einführung und Faksimile." *BzG*, 7: 5-101.

Tweedale, Michael, ed. 2006. *Biblia Sacra Vulgatam Clementina*. London Clementine Vulgate Project.

Wagner, Peter. 1911, 1912, 1921. *Einführung in die Gregorianischen Melodien*. 3 vols. Leipzig: Breitkopf & Härtel.

Zippe, Stephan. 2020. "Rythmische Artikulation: Drehpunkt und Distinktion." *BzG*, 68: 33-38.

アウグスティヌス　1997　「詩編注解（1）」『アウグスティヌス著作集18/I』　東京：教文館
―――　2006　「詩編注解（2）」　『アウグスティヌス著作集18/II』　東京：教文館
―――　2011　「詩編注解（5）」　『アウグスティヌス著作集20/I』　東京：教文館
―――　2012　『告白録』（キリスト教古典叢書）宮谷宣史訳、東京：教文館
―――　2020a　「詩編注解（3）」　『アウグスティヌス著作集19/I』　東京：教文館
―――　2020b　「詩編注解（4）」　『アウグスティヌス著作集19/II』　東京：教文館
金子晴勇　2019　『アウグスティヌス『神の国』を読む――その構想と神学』　東京：教文館
佐々木悠　2017　「1980年代以降のセミオロジーにおけるリズム論の変遷――『グレゴリオ聖歌学論集 Beiträge zur Gregorianik』の論考を中心に」『エリザベト音楽大学研究紀要』第37号：15-26.

─────── 2018 「融化ネウマとテキストの関連性 ── 主の降誕・夜半のミサにおける固有唱を中心に」『エリザベト音楽大学研究紀要』第38号：1-14.

─────── 2019 「融化ネウマとテキストの関連性2 ── 死者のためのミサの固有唱を中心に」『エリザベト音楽大学研究紀要』第39号：9-22.

─────── 2020 「概念的枠組みとしてのセミオロジーに基づく研究とその方法論」『グレゴリオ聖歌研究』第32号：1-13.

関根清三　2008　『旧約聖書と哲学 ── 現代の問いの中の一神教』　東京：岩波書店

秦剛平　1999　『旧約聖書続篇講義』　東京：リトン

高橋正道　2020　「水嶋良雄先生の研究業績（序）と先生からの宿題 ── 日本グレゴリオ聖歌学会の設立理念と我々の課題」『グレゴリオ聖歌研究』第32号：33-51.

ダレッツォ，グイド　2018　『ミクロログス』　中世ルネサンス音楽史研究会訳、東京：音楽之友社

十枝正子　2004　『グレゴリオ聖歌選集』　東京：サン・パウロ

─────── 2020　「L. アグストーニ／J. B. ゲシュル著『グレゴリオ聖歌演奏解釈入門』にみられるリズム並びにリズムのアーティキュレーション」『グレゴリオ聖歌研究』第32号：99-117.

日本グレゴリオ聖歌学会　1980-　『グレゴリオ聖歌研究』　東京：日本グレゴリオ聖歌学会

日本聖書協会　2018　『聖書　聖書協会共同訳』　東京：日本聖書協会

西脇純　2020　「聖書のことばと聖歌のことば ── 昇天祭ミサの入祭唱 Viri Galilaei をてがかりに」『グレゴリオ聖歌研究』第32号：53-70.

水嶋良雄　1966　『グレゴリオ聖歌』　東京：音楽之友社

─────── 1991　「ヴェローナ学会に見られるグレゴリオ聖歌の研究事情 その1」『グレゴリオ聖歌研究』第11号：1-14.

音源資料

Narrabo omnia mirabilia tua – Cantus gregoriani per totum annum – Editio integra (*GrN-CDs* 2017). EOS-audio 2017. 15 CDs.
　［各CDには〇枚目という表示がない。そのため本文では各CDの解説書の引用にあたり、各CDタイトルの略称を記した（EFS = *Exsulta filia sion*, VI = *Vocem iucunditatis*, SiTAM = *Sitivit in te anima mea*）。］

Kyriale Romanum I, EOS-audio 2020.

聖グレゴリオの家聖歌隊カペラ・グレゴリアーナ Cappella Gregoriana による CD（https://st-gregorio.or.jp/cds）

ウェブサイト（グレゴリオ聖歌に特化したもの）

Cantus Database（*CDb*, https://cantus.uwaterloo.ca）

Corpus Christi Watershed（*CCW*, https://www.ccwatershed.org）

The Gregorian Repertory（*TGR*, https://gregorien.info/en）

Medieval Music Manuscripts Online Database（*MMMO*, http://musmed.eu）

＊ウェブサイトの情報を本文中に引用したものには、*PM（Paléographie musicale)* の情報や
ウェブアドレスを付記している（2021年2月1日確認）。

おわりに

　本書は、これまでの考察を、整理・再検討したものである。第1章と第2章では、教育活動における経験を基に、グレゴリオ聖歌を研究する上で欠かすことのできない情報を網羅的にまとめた。セミオロジーに限らず、日本語で書かれたグレゴリオ聖歌の著作は非常に少ないのが現状である。そのため、これから専門的な研究に取り組みたいと思う人が、日本語で最低限の知識を整理することができるように、教科書的・資料的内容に絞った。なお、専門用語の翻訳に関しては、全面的に見直しを試みたが、今後さらなる改善の余地があると思われる。第3章は、自らのこれまでの論文や国際・国内学会における発表を再度検証し、様々な助言を基に、全面的に新しく執筆した。執筆途中で、以前の解釈とは異なるアイディアが次々と浮かぶこともしばしばで、予想外に時間を要した。このようなタイプの研究はまだ国際的に少なく、方法論を練り直しながら研究を継続するというのが実際のところである。その意味で、本書はあくまでも現段階における成果であり、一つの仮説に過ぎないことを、予め断っておく。

　この5年あまりを振り返ると、エッセンの夏期講習会を皮切りに、AISCGreドイツ支部大会、AISCGre主催のグレゴリオ聖歌セミナー（3年コース）、AISCGreの国際大会、AISCGre日本支部・日本グレゴリオ聖歌学会大会と、実に多くの時間をグレゴリオ聖歌と過ごした。それぞれの場には、多くの尊敬する方々との出会いが待っていた。本書の刊行に際し、挨拶を寄せてくださったAISCGre会長A. M. シュヴァイツァ氏もその一人である。彼は、私にグレゴリオ聖歌研究者として歩む決心をさせてくれた。また、日本グレゴリオ聖歌学会の高橋正道氏（前会長）、橋本周子氏（現会長）、渡辺宏子氏（現理事）からは、知識のみならず、グレゴリオ聖歌への向き合い方の基本

を教えていただいたと感じている。

　2018年の日本グレゴリオ聖歌学会第20回大会では、シュヴァイツァ氏を招聘し、セミオロジーについて再度その重要性を認識することができた。大会の参加者は100名を超えた。非キリスト教文化の我が国において、グレゴリオ聖歌を歌う人がこれだけの数にのぼるのは、奇跡的であり、希望の光が見えたように感じた。

　しかしそうは言うものの、日本におけるグレゴリオ聖歌研究が風前の灯火なのは周知の事実である。ヨーロッパにおいてもその状況は大差なく、他の領域に比べ、研究者のポストも非常に少なく、研究を続けること自体が困難になりつつある。

　では、それでもなお研究を続ける意義はどこにあるのか。そこでふと思うのは、私たちはグレゴリオ聖歌の何を知っているのだろうか、もしかすると知ったつもりになっているだけなのかもしれないということである。「西洋音楽の源＝グレゴリオ聖歌」という表現はよく目にするが、その理由を明記した音楽史の文献は少ない。その意味において、グレゴリオ聖歌を通して、「言葉をどのように音楽化したのか」という問いを考え続けること自体に重要な使命があるのではないだろうか。これまでの経験からも、この難題は、人間の本質を考えさせる機会を与え、人間本来の考える力を見つめ直すきっかけをもたらしてくれる。

　研究活動では、勤務校からの多大なる支援（3年にわたる「エリザベト音楽大学イエズス会使徒職基金」による研究援助）と、「一般財団法人カワイサウンド技術・音楽振興財団平成31年度研究助成」の援助を受けた。そして本書の出版に当たっては、「公益財団法人　ロームミュージックファンデーション　2020年度音楽に関する研究への助成」を受けることができた（研究名「グレゴリオ聖歌新リズム研究」）。また、友人のS.バリン氏と西脇純氏には、英独論文の執筆や翻訳において、日頃から研究活動を支えていただいた。さ

らに株式会社教文館の渡部満社長と出版部の石川正信部長、石澤麻希子氏、そして編集者の森本直樹氏は、このような時代にもかかわらず、研究内容を高く評価してくださり、出版の実現に向けて労を執ってくださった。この場をかりて、研究を支えてくださったすべての方に、心より御礼申し上げたい。

　妻・有紀と、両親には感謝の言葉もない。妻はオペラを専門としているが、グレゴリオ聖歌の発音や声楽的な問題について、いつも貴重な助言をしてくれた。彼女の存在なしには、融化やアーティキュレーションをテーマとすることはなかったと思う。また両親には、神学的・音楽的な観点から助言を受け、本書の完成まで漕ぎ着けることができた。心から感謝したい。

　コロナ禍は確実に新しい時の到来を告げている。グレゴリオ聖歌誕生の時代、疫病は隣人であった。しかし、隣人を愛することほど難しいものはない。グレゴリオ聖歌もまた、その人間に与えられた永遠のテーマを語ってくれている。突然与えられた休息の中でしばし、そこに静かに耳を傾けてみてはどうだろうか。新しい時代に向けたヒントが見つかるかもしれない。

　コロナ禍にあって
　2020年10月、広島にて

　　　　　　　　　　　　　　　　　　　　　　　　佐々木 悠

助成：公益財団法人 ロームミュージック ファンデーション

ヴァティカン版角符記譜法

音部記号と音高

ハ音記号 ( ) ：cの文字に由来

re mi fa sol la si do

ヘ音記号 ( ) ：fの文字に由来

si do re mi fa sol la

角符の意味と配置

　角符は様々な形状を持っているが、リズム的なニュアンスを含んだものではない。それは線譜上において、音高を表す機能を有している。読譜の際は、基本的に左に置かれている角符から読む。

re↑fa　fa↓re　la↑si↓la　la↓fa↑sol　sol↓fa↓mi　la↑si↑do

著者紹介

佐々木悠（ささき・ゆう）

1983年仙台生まれ。2011年エリザベト音楽大学大学院博士後期課程修了。日本人のオルガン作品研究で博士（音楽）を取得。シュトゥットガルト音楽演劇大学教会音楽科留学。国際グレゴリオ聖歌学会主催グレゴリオ聖歌セミナー（St. Ottilien）修了。オルガンを佐々木しのぶ、廣澤嗣人、J.-H. ハーン、ピアノを岡崎悦子、故 S. ディアコフ、大下祐子、グレゴリオ聖歌学を A. M. シュヴァイツァ、S. ツィペの各氏に師事。現在、エリザベト音楽大学准教授（宗教音楽、オルガン）。日本グレゴリオ聖歌学会理事。国際グレゴリオ聖歌学会ドイツ語圏支部会員、日本音楽学会員。日本基督教団広島流川教会音楽主事。
著作『日本人のオルガン作品』（教文館、2011年）、『キリスト教音楽への招待 —— 聖なる空間に響く音楽』（佐々木しのぶとの共著、教文館、2012年）の他、教会音楽教育の歴史やグレゴリオ聖歌に関する論文など多数。

言葉を歌う
—— グレゴリオ聖歌セミオロジーとリズム解釈

2021年3月15日　初版発行

著　者　佐々木悠
発行者　渡部　満
発行所　株式会社　教文館
　　　　〒104-0061　東京都中央区銀座4-5-1
　　　　電話 03(3561)5549　FAX 03(5250)5107
　　　　URL http://www.kyobunkwan.co.jp/publishing/
印刷所　モリモト印刷株式会社

配給元　日キ販　〒162-0814　東京都新宿区新小川町9-1
　　　　電話 03(3260)5670　FAX 03(3260)5637
ISBN 978-4-7642-7450-1　　　　　　　　　　Printed in Japan

教 文 館 の 本

佐々木しのぶ／佐々木 悠
キリスト教音楽への招待
聖なる空間に響く音楽
A5判 130頁 本体 1,800円

ヨーロッパ音楽の源流となった教会音楽の歴史をコンパクトに解説。讃美歌、礼拝、暦、教会建築、楽器など、教会音楽をはじめて学ぶ人に必要不可欠な入門書。写真・図版を多数収録し、見ても楽しい充実の1冊。

J.ハーパー 佐々木勉／那須輝彦訳
中世キリスト教の典礼と音楽 ［新装版］
A5判 402頁 本体 3,800円

中世を中心に典礼の歴史的概要、教会暦、詩編唱、聖務日課、ミサなどを詳述した、音楽を学ぶ人のための典礼入門書。トリエント公会議以降の展開、英国国教会の典礼にも言及。主要聖歌歌詞対訳、教会用語集、訳語対照表付き。

新垣壬敏
言葉と音楽
朗読は音楽のはじまり
A5判 206頁 本体 1,900円

日本語を正しく、美しく読むために、日本語の発声の特徴を理論的に学ぶと共に、多種多様な課題文の朗読練習をとおして表現力を高める。言葉のもつ豊かな力を引き出す〈音楽家〉によるユニークな朗読用のテキスト。

アウグスティヌス 宮谷宣史訳
キリスト教古典叢書
告白録
A5判 670頁 本体 4,800円

「最初の近代人」「西洋の教師」と評される偉大な思想家アウグスティヌスが、自らの半生を克明に綴った魂の遍歴。人間存在に深く潜む神へのあこがれを探求した名著が、最新の研究成果に基づく原典からの翻訳で現代に甦る！

責任編集＝赤木善光／泉 治典／金子晴勇／茂泉昭男
アウグスティヌス著作集
A5判・上製・函入

今 義博／大島春子／堺 正憲／菊地伸二訳
第18巻Ⅰ 詩編注解（1）
第1-32編
514頁・本体 4,700円

谷 隆一郎／堺 正憲／花井一典／澁村美貴子／中澤 務／野沢建彦訳
第18巻Ⅱ 詩編注解（2）
第33-53編
704頁・本体 6,400円

佐藤真基子／片柳榮一／水落健治訳
第19巻Ⅰ 詩編注解（3）
第54-75編
740頁・本体 7,500円

荒井洋一／出村和彦／金子晴勇／田子多津子訳
第19巻Ⅱ 詩編注解（4）
第76-100編
814頁・本体 9,500円

中川純男／鎌田伊知郎／泉 治典／林 明弘訳
第20巻Ⅰ 詩編注解（5）
第101-122編
758頁・本体 7,400円

二十九年間の執筆と説教を重ねて完成した詩編全編全節の注解。詩編作者の声に耳を傾けながら、主イエス・キリストの姿を絶えず描き出すアウグスティヌスの注解は、教会の歴史の中で大きな影響を与え続けてきた。著者最大の著作である。

上記は本体価格（税別）です。